D0729500

Jean-Paul Sartre

Les jeux sont faits

Gallimard

Ouvrage paru initialement aux Éditions Nagel.
© *Éditions Gallimard, 1996.*

Né le 21 juin 1905 à Paris, Jean-Paul Sartre, avec ses condisciples de l'École normale supérieure, critique très jeune les valeurs et les traditions de sa classe sociale, la bourgeoisie. Il enseigne quelque temps au lycée du Havre, puis poursuit sa formation philosophique à l'Institut français de Berlin. Dès ses premiers textes philosophiques, *L'imagination* (1936), *Esquisse d'une théorie des émotions* (1939), *L'imaginaire* (1940), apparaît l'originalité d'une pensée qui le conduit à l'existentialisme, dont les thèses sont développées dans *L'être et le néant* (1943) et dans *L'existentialisme est un humanisme* (1946).

Sartre s'est surtout fait connaître du grand public par ses récits, nouvelles et romans — *La nausée* (1938), *Le mur* (1939), *Les chemins de la liberté* (1945-1949) — et ses textes de critique littéraire et politique — *Réflexions sur la question juive* (1946), *Baudelaire* (1947), *Saint Genet, comédien et martyr* (1952), *Situations* (1947-1976), *L'Idiot de la famille* (1972). Son théâtre a un plus vaste public encore : *Les mouches* (1943), *Huis clos* (1945), *La putain respectueuse* (1946), *Les mains sales* (1948), *Le diable et le bon dieu* (1951).

Soucieux d'aborder les problèmes de son temps, Sartre a mené jusqu'à la fin de sa vie une intense activité politique (participation au Tribunal Russell, refus du prix Nobel de littérature en 1964, direction de *La cause du peuple* puis de *Libération*). Il est mort à Paris le 15 avril 1980.

Ce scénario, conçu en 1943, a été publié pour la première fois en 1947. Un film en a été tiré la même année, adapté et réalisé par Jean Delannoy, avec Micheline Presle et Marcel Pagliero.

LA CHAMBRE D'ÈVE

Une chambre dans laquelle les persiennes mi-closes ne laissent pénétrer qu'un rai de lumière.

Un rayon découvre une main de femme dont les doigts crispés grattent une couverture de fourrure. La lumière fait briller l'or d'une alliance, puis glissant au long du bras, découvre le visage d'Ève Charlier... Les yeux clos, les narines pincées, elle semble souffrir, s'agite et gémit.

Une porte s'ouvre et, dans l'entrebâillement, un homme s'immobilise. Élégamment habillé, très brun, avec de beaux yeux sombres, une moustache à l'américaine, il paraît âgé de trente-cinq ans environ. C'est André Charlier.

Il regarde intensément sa femme, mais il n'y a dans son regard qu'une attention froide, dépourvue de tendresse.

Il entre, referme la porte sans bruit, traverse la

pièce à pas de loup et s'approche d'Ève qui ne l'a pas entendu entrer.

Étendue sur son lit, elle est vêtue, par-dessus sa chemise de nuit, d'une robe de chambre très élégante. Une couverture de fourrure recouvre ses jambes.

Un instant, André Charlier contemple sa femme dont le visage exprime la souffrance ; puis il se penche et appelle doucement :

— Ève... Ève...

Ève n'ouvre pas les yeux. Le visage crispé, Ève s'est endormie.

André se redresse, tourne la tête vers la table de chevet sur laquelle se trouve un verre d'eau. Il tire de sa poche un petit flacon styligoutte, l'approche du verre et, lentement, y verse quelques gouttes.

Mais comme Ève bouge la tête, il remet prestement le flacon dans sa poche et contemple, d'un regard aigu et dur, sa femme endormie.

LE SALON DES CHARLIER

Dans le salon voisin, une jeune fille, appuyée contre la fenêtre grande ouverte, regarde dans la rue. De la chaussée monte et se rapproche le bruit cadencé d'une troupe en marche.

André Charlier pénètre dans la pièce et referme la porte. Il s'est maintenant composé un visage soucieux.

Au bruit de la porte refermée, la jeune fille s'est

12

retournée. Elle est jolie et jeune, dix-sept ans peut-être — et quoique grave et tendu, son petit visage demeure encore puéril.

Dehors, sur le rythme des bottes martelant le pavé, éclate un chant de marche, rauque, cadencé.

D'un geste brusque, la jeune fille referme la fenêtre ; il est visible qu'elle ne domine que difficilement ses nerfs, et, se retournant, c'est d'un air agacé qu'elle dit :

— Ils n'ont pas cessé de défiler depuis ce matin !

Sans paraître la voir, André fait quelques pas et s'arrête, l'air très affecté, près d'un canapé. La jeune fille vient le rejoindre, l'interroge anxieusement du regard. Il redresse la tête, lui jette un coup d'œil puis, avec une moue fataliste :

— Elle dort...

— Vous croyez qu'elle peut guérir ?

André ne répond pas.

La jeune fille, irritée, pose un genou sur le canapé et secoue la manche d'André. Elle est près des larmes. Soudain, elle éclate :

— Mais ne me traitez pas comme une gamine ! Répondez-moi.

André regarde sa jeune belle-sœur, lui caresse doucement les cheveux, puis, avec tout ce qu'il peut mettre dans sa voix de tendresse fraternelle et de douleur contenue, murmure :

— Vous allez avoir besoin de tout votre courage, Lucette.

Lucette éclate en sanglots et pose sa tête sur le rebord du canapé. Son désespoir est sincère, profond, mais très puéril et très égoïste ; elle n'est

13

encore qu'une enfant gâtée... André murmure doucement :

— Lucette...

Elle secoue la tête :

— Laissez-moi... laissez-moi... Je ne veux pas avoir de courage, c'est trop injuste, à la fin ! Qu'est-ce que je deviendrai sans elle ?...

Sans cesser de caresser la chevelure, puis l'épaule de la jeune fille, André insiste :

— Lucette ! calmez-vous... je vous en prie...

Elle se dégage, se laisse aller sur le canapé, la tête dans les mains, les coudes sur les genoux, en gémissant :

— Je n'en peux plus ! Je n'en peux plus !

André contourne le canapé. Comme il n'est plus observé, il a repris son air dur et épie la jeune fille qui poursuit :

— Un jour, on espère, le lendemain, on n'a plus d'espoir ! C'est à devenir folle... Savez-vous seulement ce qu'elle est pour moi ?

Elle se retourne brusquement vers André, dont le visage, aussitôt, reprend un air apitoyé.

— C'est beaucoup plus que ma sœur, André... poursuit-elle à travers ses larmes. C'est aussi ma mère et ma meilleure amie... Vous ne pouvez comprendre, personne ne peut comprendre !

André s'assied près d'elle.

— Lucette ! murmure-t-il avec un tendre reproche, c'est ma femme...

Elle le regarde avec confusion, lui tend la main.

— C'est vrai, André, pardonnez-moi... Mais, vous le savez, sans elle, je me sentirai si seule au monde...

14

— Et moi, Lucette?

André attire la jeune fille contre lui. Elle se laisse aller avec beaucoup de confiance, beaucoup de pureté, et pose sa tête sur l'épaule d'André qui reprend hypocritement :

— Je ne veux pas que vous pensiez : « Je suis seule » tant que je serai près de vous. Nous ne nous quitterons jamais. Je suis sûr que c'est la volonté d'Ève. Nous vivrons ensemble, Lucette.

Lucette, apaisée, a fermé les yeux et renifle puérilement ses larmes.

LA RUE DES CONSPIRATEURS

Un détachement de la Milice du Régent s'engage dans une rue populeuse. Le visage sous la casquette plate à courte visière, le torse rigide sous la chemise foncée que barre le baudrier luisant, l'arme automatique à la bretelle, les hommes avancent dans un lourd martèlement de bottes.

Le chant martial de la troupe en marche éclate brusquement. Des gens se détournent, d'autres s'écartent de leur chemin, rentrent dans les maisons.

Une femme, qui pousse une voiture d'enfant, fait lentement demi-tour, sans affectation, et s'éloigne au milieu des passants qui s'égaillent.

La troupe avance toujours, précédée à quelques mètres par deux miliciens casqués, la mitraillette sous le bras... Et à mesure que la troupe progresse, la rue se vide, sans précipitation, mais dans une vaste manifestation hostile. Un groupe de femmes et d'hommes, stationnant devant l'entrée d'une épicerie, se disperse, sans hâte, comme obéissant à un ordre silencieux. Quelques-uns entrent dans les boutiques, d'autres sous les portes cochères.

Plus loin, des ménagères abandonnent les voitures de quatre-saisons autour desquelles elles étaient groupées, et se dispersent, cependant qu'un gamin, les mains dans les poches, traverse la rue avec une lenteur appliquée, affectée, presque dans les jambes des miliciens...

Adossés près de la porte d'une maison de pauvre apparence, deux hommes, jeunes et costauds, regardent passer la troupe d'un air ironique.

Ils ont la main droite dans la poche de leur veston.

LA CHAMBRE DES CONSPIRATEURS

Une chambre enfumée, misérablement meublée.

De chaque côté de la fenêtre, prenant soin de ne pas trop se faire voir du dehors, quatre hommes regardent dans la rue.

Il y a là Langlois, grand, osseux, le visage rasé ; Dixonne, maigre et nerveux, avec une petite barbiche ; Poulain, lunettes de fer et cheveux blancs,

16

et Renaudel, un gros homme puissant, rouge et souriant.

Ils gagnent le centre de la pièce où, accoudé à une table ronde chargée de cinq verres et d'une bouteille, leur compagnon, Pierre Dumaine, fume paisiblement.

Le visage maigre de Dixonne exprime l'inquiétude. Il demande à Pierre :

— Tu as vu?

Pierre, calmement, prend son verre, boit, puis interroge :

— Qu'est-ce que j'ai vu?

Un petit silence succède à ses paroles. Poulain s'assied, Renaudel allume une cigarette. Dixonne jette un coup d'œil vers la fenêtre.

— C'est comme ça depuis ce matin, dit-il. Ils se doutent de quelque chose...

Pierre conserve son attitude paisible et butée. Il repose tranquillement son verre en répliquant :

— Peut-être. Mais sûrement pas de ce qui leur arrivera demain.

Hésitant, Poulain commence :

— Est-ce qu'il ne vaudrait pas mieux?...

Pierre, se tournant vivement vers lui, dit durement :

— Quoi?

— Attendre...

Et comme Pierre amorce un mouvement d'irritation, Renaudel ajoute précipitamment :

— Trois jours seulement. Le temps de les endormir...

Pierre lui fait face et questionne d'une voix cinglante :

— Tu as les foies?

17

Renaudel sursaute, s'empourpre :

— Pierre ! proteste-t-il.

— Une insurrection ne se remet pas, déclare Pierre avec force. Tout est prêt. Les armes ont été distribuées. Les gars sont gonflés à bloc. Si nous attendons, nous risquons de ne plus les tenir en main.

En silence, Renaudel et Dixonne se sont assis.

Le regard dur de Pierre se pose successivement sur les quatre visages qui lui font face. Sa voix sèche interroge :

— Y en a-t-il un parmi vous qui n'est pas d'accord ?

Et comme aucune objection ne s'élève plus, il poursuit :

— Bon. Alors, c'est pour demain matin, dix heures. Demain soir, nous coucherons dans la chambre du Régent. Maintenant, écoutez-moi...

Les quatre visages se rapprochent, graves, tendus, pendant que Pierre étale sur la table un papier qu'il a sorti de sa poche et continue :

— ... L'insurrection commencera en six points différents...

LA CHAMBRE D'ÈVE

Ève est toujours étendue, paupières closes. Elle tourne brusquement la tête et ouvre de grands yeux hagards, comme si elle sortait d'un cauchemar. Tout à coup elle tourne la tête et jette un cri :

— Lucette!

Ève reprend conscience mais elle souffre d'un feu qui la brûle.

Avec effort, elle se redresse péniblement, rejette la couverture et s'assied sur le rebord du lit. Elle a la tête qui tourne. Puis elle étend la main et saisit le verre d'eau qui se trouve sur la table de chevet. Elle boit d'un trait et grimace. Elle appelle encore une fois, mais d'une voix affaiblie :

— Lucette! Lucette!

LA RUE DES CONSPIRATEURS

Un jeune homme d'environ dix-huit ans, pâle, nerveux, l'air sournois, appelle :

— Pierre!

Ce dernier vient de sortir de la maison de pauvre apparence où vient de se tenir la réunion des conspirateurs. A l'appel de son nom, Pierre regarde du côté de celui qui l'interpelle, détourne la tête à sa vue, puis s'adresse aux deux gardiens qui sont en faction devant la porte :

— Les autres vont descendre, dit-il. Vous pouvez filer. Réunion ici à six heures, ce soir. Rien de neuf?

— Rien du tout, répond l'un des gaillards. Il y a juste ce petit mouchard qui voulait entrer.

D'un mouvement de tête il désigne le jeune homme qui, de l'autre côté de la rue, les observe, debout près de sa bicyclette.

Pierre jette un nouveau coup d'œil dans sa direction, puis, haussant les épaules :

— Lucien ? Bah !

Rapidement les trois hommes se séparent. Tandis que les deux gardes du corps s'éloignent, Pierre s'approche de sa bicyclette attachée, se penche pour défaire le câble. Pendant ce temps, Lucien traverse la rue, le rejoint et l'appelle :

— Pierre...

Celui-ci ne se redresse même pas. Il ôte le câble, le fixe sous la selle.

— Pierre ! supplie l'autre, écoute-moi !

En même temps, il contourne la bicyclette et se rapproche de Pierre. Ce dernier se redresse et regarde Lucien avec mépris sans rien dire.

— Ce n'est pas ma faute... gémit Lucien.

D'un simple geste de la main, Pierre l'écarte et pousse son vélo. Lucien le suit en balbutiant :

— Ils m'ont fait si mal, Pierre... Ils m'ont battu pendant des heures, et je n'ai presque rien dit...

Tranquillement, Pierre descend sur la chaussée, enfourche sa bicyclette. Lucien se place devant lui, une main sur le guidon. Son visage exprime un mélange de rage et de peur. Il s'exalte :

— Vous êtes trop durs ! Je n'ai que dix-huit ans, moi... Si vous me lâchez, je penserai toute ma vie que je suis un traître. Pierre ! ils m'ont proposé de travailler pour eux...

Cette fois, Pierre le regarde dans les yeux, Lucien devient fébrile ; il s'accroche au guidon. Il crie presque.

— Mais dis quelque chose ! C'est trop commode aussi : tu n'y es pas passé ! Tu n'as pas le droit...

Tu ne partiras pas sans m'avoir répondu... Tu ne partiras pas !

Alors, Pierre, avec un profond mépris, jette entre ses dents :

— Sale petite donneuse !

Et, tout en le regardant dans les yeux, il le gifle à toute volée.

Lucien recule, suffoqué, cependant que, sans hâte, Pierre appuie sur les pédales et s'éloigne. Des rires éclatent, satisfaits : Renaudel, Poulain, Dixonne et Langlois, qui viennent de sortir de l'immeuble, ont assisté à la scène.

Lucien leur jette un bref regard, reste un instant immobile, puis s'en va lentement. Dans ses yeux brillent des larmes de haine et de honte.

LA CHAMBRE D'ÈVE ET LE SALON

La main d'Ève repose près du verre vide, sur la table de chevet.

Ève se redresse avec un effort terrible, frissonne, envahie par une brusque douleur.

Puis, d'un pas chancelant, elle parvient à atteindre la porte du salon, l'ouvre, et demeure immobile.

Elle aperçoit sur le canapé du salon Lucette qui a posé la tête sur l'épaule d'André. Quelques secondes s'écoulent avant que la jeune fille aperçoive sa sœur.

Ève appelle d'une voix sourde :

— André...

Lucette se dégage de son beau-frère et court vers Ève. André à peine gêné se lève et s'approche, d'un pas tranquille.

— Ève! reproche la jeune fille, tu ne dois pas te lever...

— Reste ici, Lucette, répond simplement Ève... Je veux parler à André, seul.

Puis elle se détourne et rentre dans sa chambre. André s'approche de Lucette interdite, l'invite d'un geste plein de douceur à s'éloigner et pénètre à son tour dans la chambre.

Il rejoint sa femme, qui est appuyée à la table de chevet.

— André, souffle-t-elle, tu ne toucheras pas à Lucette...

André fait deux pas, jouant un léger étonnement.

Ève concentre toutes ses forces pour parler.

— Inutile. Je sais... Il y a des mois que je te vois faire... tout a commencé depuis ma maladie... Tu ne toucheras pas à Lucette.

Elle s'exprime avec une difficulté grandissante, faiblit, sous le regard impassible d'André.

— Tu m'as épousée pour ma dot et tu m'as fait vivre un enfer... Je ne me suis jamais plainte, mais je ne te laisserai pas toucher à ma sœur...

André l'observe toujours, impassible. Ève se soutient avec effort, et continue avec une certaine violence :

— Tu as profité de ma maladie, mais je guérirai... Je guérirai, André. Je la défendrai contre toi...

A bout de forces, elle se laisse glisser sur le lit, démasquant ainsi la table de chevet.

Très pâle, André fixe, maintenant, sur cette table, le verre vide. Son visage alors exprime une espèce de détente, tandis que s'élève encore la voix d'Ève, de plus en plus faible :

— Je guérirai, et je l'emmènerai loin d'ici... loin d'ici...

UNE ROUTE DE BANLIEUE

A demi dissimulé par un pan de mur, Lucien se tient à l'affût. Le visage blême, luisant de sueur, la bouche mauvaise, remâchant sa haine, il guette. Sa main est dans la poche de son veston.

Là-bas, à cent cinquante mètres environ, penché sur sa bicyclette, Pierre paraît. Il avance, seul, sur cette route monotone et triste de banlieue au milieu des chantiers. Au loin, des hommes travaillent, poussent des wagonnets, vident des camions. Pierre continue à avancer parmi les usines et de hautes cheminées qui fument. Lucien a le visage de plus en plus tendu, il amorce un geste tout en jetant de brefs coups d'œil inquiets autour de lui.

Lentement, il sort un revolver de sa poche.

La voix d'Ève se fait encore entendre, avec un dernier reste de violence.

— Je guérirai... André, je guérirai... pour la sauver... Je veux guérir...

Sa main glisse le long de la table, veut se raccrocher, tombe, enfin, entraînant le verre et la carafe.

Ève qui, se sentant faible, a voulu s'appuyer à la table, roule sur le sol dans un bruit de verre cassé...

Pâle mais impassible, André regarde le corps d'Ève étendu sur le sol.

LA ROUTE DE BANLIEUE

Deux coups de revolver claquent.

Sur la route, Pierre roule encore pendant quelques mètres en vacillant et tombe sur la chaussée.

LA CHAMBRE D'ÈVE

Lucette se précipite dans la chambre, en coup de vent, rejoint André. Elle aperçoit le corps d'Ève sur le sol et jette un cri.

Le corps de Pierre est étendu au milieu de la route, à côté de sa bicyclette dont la roue avant continue de tourner dans le vide.

Derrière le pan de mur qui le cache, Lucien enfourche son propre vélo et s'enfuit à toutes pédales.

Là-bas, les ouvriers ont suspendu leur travail. Ils ont perçu les coups de feu mais, sans comprendre encore, dressent la tête. Hésitant, l'un d'eux se décide à s'avancer sur la route.

Un lourd camion vient de stopper près du cadavre de Pierre. Le conducteur et deux ouvriers sautent à terre. Au loin, d'autres ouvriers accourent. Bientôt, un cercle d'hommes se resserre autour du corps étendu. On reconnaît Pierre, et des exclamations s'entrecroisent :

— C'est Dumaine !

— Qu'est-ce que c'est ?

— C'est Dumaine !

— Ils ont buté Dumaine !

Dans la confusion générale, personne n'a prêté attention au bruit de bottes d'une troupe en marche, d'abord lointain, mais qui se précise maintenant. Brusquement, tout près, le chant de la milice éclate. Un ouvrier, le visage dur, jette :

— Qui veux-tu que ce soit ?

A ce moment, un détachement de miliciens

débouche d'une rue voisine. L'un après l'autre, les ouvriers se redressent et font face à la troupe qui vient vers eux. Une grande colère monte dans leurs regards. Une voix crache :

— Les salauds !

Le détachement s'avance toujours, les miliciens chantent et, à leur tête, le chef fixe d'un œil inquiet le groupe des ouvriers. Les ouvriers sont maintenant tous debout et barrent la route d'un air menaçant. Quelques-uns se détachent et, sans ostentation, vont ramasser des pavés et des morceaux de ferraille sur le côté de la chaussée.

Au bout de quelques pas, le chef milicien donne un ordre préparatoire, puis il crie :

— Halte !

A ce moment, tandis que son corps demeure étendu sur le sol, un autre Pierre se redresse lentement... Il a l'air de sortir d'un rêve et brosse machinalement sa manche. Il tourne le dos à la scène muette qui se joue. Néanmoins, trois ouvriers lui font face ; ceux-ci pourraient le voir, et cependant, ils ne le voient pas.

Pierre s'adresse à l'ouvrier le plus proche...

— Eh bien, Paulo, qu'est-ce qu'il y a ?

L'interpellé ne bronche pas. Simplement, s'adressant à son voisin, il demande en tendant la main :

— Passe-m'en une.

Le second ouvrier passe une brique à Paulo.

Brutale, la voix du chef du détachement ordonne :

— Dégagez la chaussée !

Dans le groupe des ouvriers, personne ne

bouge. Pierre se retourne vivement, observe les deux camps antagonistes et murmure.

— Il y a de la bagarre dans l'air...

Puis il passe entre deux ouvriers, invisible à leurs yeux, et s'éloigne sans hâte... Sur son chemin, il croise quelques ouvriers armés de pelles ou de barres de fer; ces hommes passent sans le voir. A chaque rencontre, Pierre les regarde un peu étonné et enfin, haussant les épaules et renonçant à comprendre, il s'éloigne définitivement, tandis que derrière lui la voix du chef milicien, impérieuse, jette :

— En arrière! Je vous dis de dégager!

LA CHAMBRE D'ÈVE ET LE SALON

André et Lucette ont déposé le corps d'Ève sur le lit.

Tandis qu'André remonte la couverture de fourrure sur le corps de sa femme, Lucette, à bout de forces, s'effondre et pleure à gros sanglots, sur la main inerte de sa sœur.

A ce moment une main de femme effleure les cheveux de Lucette, sans que la jeune fille y fasse la moindre attention. Ève debout, regarde sa sœur...

Son visage exprime une compassion souriante, un peu étonnée, comme on peut en éprouver pour une peine légère et attendrissante... Elle hausse doucement les épaules et, sans insister, s'éloigne en direction du salon.

Cependant que Lucette pleure sur la dépouille de sa sœur, Ève, vêtue de sa robe d'intérieur, passe dans le salon et se dirige vers le vestibule. Mais elle croise Rose, sa femme de chambre, qui, sans doute alertée par le bruit, vient discrètement regarder ce qui se passe dans la pièce. Ève s'est arrêtée, suit son manège et l'interpelle :

— Rose.

Mais Rose ressort un peu bouleversée par ce qu'elle vient de voir, et repart en courant vers l'office.

— Eh bien, Rose ? insiste-t-elle. Où courez-vous comme ça ?

Ève demeure quelque peu surprise de voir Rose sortir du salon sans lui répondre, sans même paraître l'avoir vue, ni entendue.

Tout à coup, s'élève une voix qui, doucement d'abord, puis de plus en plus sifflante, répète :

— Laguénésie... Laguénésie... Laguénésie...

Ève se remet en marche, traverse le salon, s'engage dans un long vestibule. Brusquement, elle s'arrête; en face d'elle se trouve une large glace murale dans laquelle, normalement, devrait se refléter son image. Or, la glace ne lui montre que l'autre mur du couloir. *Ève s'aperçoit qu'elle n'a pas de reflet.* Stupéfaite, elle fait encore un pas en avant. Rien...

A ce moment, Rose reparaît et s'avance rapidement dans la direction de la glace. Elle s'est débarrassée de son tablier blanc et porte à la main un sac et un chapeau.

Sans voir Ève elle s'interpose entre sa maîtresse et le miroir et se met en devoir d'ajuster son chapeau.

Ainsi, toutes deux font face à la glace, mais seule, Rose s'y reflète. Ève, étonnée, se déplace sur le côté, regardant alternativement, Rose et le reflet de Rose...

La femme de chambre ajuste son chapeau, reprend son sac qu'elle avait posé devant elle et sort rapidement. Ève reste seule, sans reflet...

On entend de nouveau la voix qui lentement continue :

— Laguénésie... Laguénésie... Laguénésie...

Ève hausse les épaules avec indifférence, et sort.

UNE RUE

Pierre marche, le long d'un trottoir, dans une rue assez animée.

Il est accompagné par la voix qui augmente petit à petit et d'autres voix, de plus en plus fortes, de plus en plus martelées, qui scandent :

— Laguénésie... Laguénésie... Laguénésie...

Et Pierre marche, marche toujours... Mais, entre la lenteur de ses mouvements et la rapidité affairée des passants, le contraste est saisissant. Pierre a l'air de se mouvoir sans bruit un peu comme dans un rêve.

Personne ne le remarque. Personne ne le voit.

C'est ainsi que deux passants se rencontrent ; le premier tend la main à l'autre. Pierre croyant que ce geste s'adresse à lui, avance la main, mais les

deux passants se rejoignent et s'arrêtent devant
lui pour bavarder. Pierre est obligé de les contour-
ner pour poursuivre son chemin.

Son visage exprime, avec une teinte d'indifférence amusée, qu'il trouve ces gens un peu gros-
siers.

Il fait encore quelques pas et reçoit dans les
jambes le seau d'eau qu'une concierge jette devant
le seuil de sa maison. Pierre s'arrête et regarde
son pantalon : il est absolument sec. De plus en
plus étonné, Pierre se remet en marche.

On continue à entendre :

— Laguénésie... Laguénésie... Laguénésie...

Pierre fait encore quelques pas et s'arrête
auprès d'un vieux monsieur qui lit son journal en
attendant l'autobus.

En même temps, la Voix brusquement, se tait.

Pierre s'adresse au vieux monsieur :

— Pardon, Monsieur...

L'autre ne relève pas la tête, continue de lire et
sourit.

— Pardon, Monsieur, insiste Pierre, la rue
Laguénésie, s'il vous plaît ?

UN COIN DE JARDIN PUBLIC

Ève vient de s'arrêter auprès d'une jeune femme
qui est assise sur un banc public et qui tricote,
berçant une voiture d'enfant avec son pied.

Aimablement, Ève demande :

— Pardon, Madame... la rue Laguénésie, s'il vous plaît?

La jeune femme, qui n'a rien entendu, se penche vers la voiture et commence ces petites agaceries bêtifiantes qui sont le langage courant des grandes personnes à l'égard des bébés...

LA RUE

Le vieux monsieur lit toujours son journal, en souriant. Pierre explique, élevant un peu la voix :

— J'ai un rendez-vous urgent rue Laguénésie, et je ne sais pas où c'est.

Le vieux monsieur rit un peu plus fort sans quitter son journal. Cette fois, Pierre le regarde sous le nez et lui lance :

— Ça vous fait rire?

Et il ajoute, doucement, mais sans méchanceté :

— Espèce de vieux jeton!

Le vieux monsieur rit de plus belle et Pierre répète plus fort :

— Vieux jeton!

A ce moment, un autobus vient stopper devant l'arrêt. Son ombre passe sur le vieux monsieur, mais sans se projeter sur Pierre qui demeure parfaitement en lumière. Le vieux monsieur, tout souriant, quitte le trottoir, monte dans l'autobus qui démarre.

Pierre suit cette ombre des yeux, hausse une nouvelle fois les épaules, et reprend sa marche...

Un peu plus loin, alors qu'il descend du trottoir, se révèle brusquement sur sa droite l'entrée d'une étrange petite rue, une sorte d'impasse déserte, d'un style curieux... Au fond de cette voie sans issue, aux façades sans fenêtres, un petit groupe de gens fait la queue devant l'unique boutique qui s'ouvre au rez-de-chaussée... Le reste de l'impasse est absolument vide.

Pierre, parvenu au milieu de la chaussée, tourne la tête vers sa droite, aperçoit la petite rue, ralentit, s'immobilise enfin. D'un air étonné, il contemple la petite ruelle silencieuse. Derrière lui, voitures, autobus, passants se croisent. Il lève les yeux et son regard se fixe sur la plaque indicatrice où il lit :

Impasse Laguénésie.

... Alors, lentement, il s'engage entre les façades grises et se dirige vers le petit groupe qui fait la queue.

LE JARDIN PUBLIC

Ève se trouve près de la jeune maman qui continue de sourire à son bébé. En souriant aussi Ève regarde l'enfant, puis elle interroge de nouveau :

— Alors, vous ne pouvez pas me dire où est la rue Laguénésie ? Je sais que j'ai rendez-vous, mais je ne sais ni avec qui, ni ce que j'ai à lui dire...

La jeune mère recommence ses petites agaceries :

— Kili kili, petit Michel! Qui c'est le petit Michel à sa mère?

Ève hausse les épaules et poursuit son chemin...

Elle sort du jardin, descend du trottoir. Et soudain se révèle à son regard une étroite impasse au fond de laquelle stationne un petit groupe... Un instant, surprise, elle observe cette ruelle où tout est silence, alors que derrière elle s'étend le jardin public avec son animation. Elle lit à son tour la plaque indicatrice :

Impasse Laguénésie.

L'IMPASSE LAGUÉNÉSIE

Rangées deux par deux, une vingtaine de personnes attendent devant la boutique de l'impasse. Là, se coudoient des gens de tous âges et de toutes conditions sociales : un ouvrier en casquette, une vieille dame, une très belle femme en manteau de fourrure, un trapéziste moulé dans son maillot collant, un soldat, un monsieur coiffé d'un chapeau haut de forme, un petit vieillard barbu qui branle la tête, deux hommes en uniforme de milicien, d'autres encore, et, dernier venu, Pierre Dumaine.

La façade et l'intérieur de la boutique sont absolument sombres. Aucune inscription extérieure.

Quelques secondes s'écoulent, puis la porte s'ouvre toute seule, avec un bruit de sonnette aigrelette. La première personne du groupe pénètre dans la boutique et la porte se referme doucement sur elle.

Voici Ève qui, d'un pas machinal, remonte le long de la file d'attente. Aussitôt, c'est une explosion de cris :

— A la queue !

— Qu'est-ce qu'elle a, celle-là ?

— C'est un peu fort !

— Elle n'est pas plus pressée que les autres.

— A la queue. A la queue !...

Ève s'arrête, se retourne, et constate en souriant :

— Tiens, vous me *voyez*, vous ? Vous n'êtes pas aimables, mais ça fait plaisir tout de même.

— Bien sûr qu'on vous voit, rétorque une grosse femme menaçante. Et n'essayez pas de passer avant votre tour.

Seul, Pierre n'a rien dit, mais il regarde Ève.

Encore une fois, on entend tinter la clochette et les gens s'avancent d'une place.

Docilement, Ève retourne en arrière et prend sa place à la fin de la queue.

Pierre la regarde s'éloigner. Il est à côté du petit vieillard qui branle la tête. Sur un nouveau tintement de cloche, la porte s'ouvre ; un homme et une femme se précipitent dans la boutique en se bousculant. Pierre et le petit vieillard avancent d'un pas encore. Pierre observe son voisin avec une irritation croissante. Enfin, il ne peut plus se contenir :

— Est-ce que vous allez vous tenir tranquille ? jette-t-il violemment. Est-ce que vous allez arrêter votre tête ?

Sans cesser de branler la tête, le petit vieillard se contente de hausser les épaules.

Quelques secondes d'attente, puis la clochette tinte à nouveau, et la porte vitrée s'ouvre toute seule. Pierre entre. La porte se referme toute seule. Les gens avancent d'un nouveau pas.

Dans la boutique complètement vide, Pierre distingue des comptoirs et des étagères poussiéreux. Pierre se dirige sans hésiter vers une porte qui donne manifestement sur l'arrière-boutique...

L'ARRIÈRE-BOUTIQUE

Après avoir refermé la porte, Pierre s'avance dans la pièce.

Il fait quelques pas vers une dame qui est assise devant un bureau. Une lampe à huile, posée sur cette table, ajoute un peu de lumière à cette pièce à peine éclairée par le jour très rare qui tombe d'une étroite fenêtre donnant sur une cour intérieure.

Les murs sont couverts de médaillons, de gravures, de tableaux qui, pour autant qu'on en puisse juger, représentent tous l'impasse Laguénésie.

Pierre s'avance jusqu'à la table et interroge :

— Pardon, Madame... C'est bien avec vous que j'ai rendez-vous ?

Digne et corpulente, avec son face-à-main, la vieille dame est assise devant un énorme registre ouvert, sur lequel un gros chat noir est couché en rond.

Elle regarde Pierre à travers son face-à-main, en souriant d'un air affable :

— Mais oui, monsieur.

— Alors, vous allez pouvoir me renseigner... poursuit Pierre en caressant le chat qui s'étire et se frotte contre lui. Qu'est-ce que je viens faire ici ?

— Régulus ! réprimande la vieille dame, veux-tu laisser monsieur tranquille.

Avec un sourire, Pierre prend dans ses bras le chat pendant que la vieille dame continue :

— Je ne vous retiendrai pas longtemps, monsieur... J'avais besoin de vous pour une petite formalité d'état civil.

Elle consulte son registre ouvert, puis :

— ... Vous vous appelez bien Pierre Dumaine ?

Surpris, Pierre balbutie :

— Oui, Madame... mais je...

Posément, la vieille dame tourne les pages de son registre.

— ... Da, da, di, di, do, du... Dumaine, nous y voilà... né en 1912 ?

Pierre est maintenant stupéfait ; le chat profite de la situation pour lui grimper sur les épaules.

— En juin 1912, oui...

— Vous étiez contremaître à la fonderie d'Answer ?

— Oui.

— Et vous avez été tué ce matin à 10 h 35 ?

Cette fois Pierre se penche en avant, les mains appuyées sur le rebord de la table, et fixe la vieille dame avec stupeur. Le chat saute de ses épaules sur le registre.

— Tué? articule Pierre d'un air incrédule.

La vieille dame acquiesce aimablement. Alors Pierre se rejette brusquement en arrière et se met à rire.

— C'est donc ça... C'est donc ça... Je suis mort.

Brusquement, son rire cesse, et c'est presque gaiement qu'il s'informe :

— Mais qui m'a tué?

— Une seconde, s'il vous plaît...

De son face-à-main, elle chasse le chat qui est sur le registre.

— Allons, Régulus. Tu es sur le nom de l'assassin.

Puis, déchiffrant l'indication portée sur le registre :

— ... Voilà : vous avez été tué par Lucien Derjeu.

— Ah! le petit salaud! constate simplement Pierre. Eh bien, dites donc, il ne m'a pas raté.

— A la bonne heure, constate la vieille dame souriante. Vous prenez bien la chose. Je voudrais pouvoir en dire autant de tous ceux qui viennent ici.

— Ça les ennuie d'être morts?

— Il y a des caractères chagrins...

— Moi, vous comprenez, explique Pierre, je ne laisse personne derrière moi, je suis bien tranquille.

Il se met à marcher dans la pièce avec animation et ajoute :

— Et puis, l'essentiel, c'est d'avoir fait ce qu'on avait à faire.

Il se retourne vers la vieille dame, qui le regarde d'un air sceptique à travers son face-à-main.

— Ce n'est pas votre avis? interroge-t-il.

— Moi, vous savez, dit-elle, je ne suis qu'une simple employée...

Puis, tournant le registre vers Pierre :

— ... Je vais vous demander une petite signature...

Une seconde, Pierre demeure décontenancé. Enfin, il revient vers la table, prend le porte-plume et signe.

— Là... déclare la vieille dame, à présent vous êtes mort pour de bon.

Pierre se redresse, toujours un peu gêné. Il pose le porte-plume, caresse le chat et demande :

— Et où faut-il que j'aille?

La vieille dame le considère d'un air étonné :

— Mais où vous voudrez...

Cependant, comme il va sortir par où il est entré, elle lui désigne une autre porte sur le côté :

— ... Non, par là...

Tandis que Pierre referme la porte, la vieille dame ajuste son face-à-main, consulte son registre et, d'un air très naturel, fait le simulacre de tirer un cordon. Et l'on entend au loin tinter la clochette d'entrée qui annonce le prochain client.

La petite porte d'un immeuble vétuste et crasseux. Pierre vient de sortir. Il s'oriente et fait quelques pas, d'un air amusé, les mains dans les poches.

La rue débouche, à vingt mètres de là, sur une large artère où voitures et piétons se croisent en un mouvement très animé. Dans ce court espace, quelques rares vivants circulent, affairés, tandis qu'une dizaine de personnages morts sont assis ou debout contre les murs, ou bien encore se promènent nonchalamment en regardant les vitrines.

Deux ou trois morts d'autrefois, en costumes d'époque, se retournent sur Pierre et parlent de lui à voix basse.

RUE ET PLACE

Pierre s'avance lentement, lorsqu'une voix d'homme âgé prononce derrière lui :

— Soyez, Monsieur, le bienvenu parmi nous.

Pierre se retourne. Il aperçoit un groupe de personnages en costumes divers des époques les plus différentes ; des mousquetaires, des romantiques, des modernes et, parmi eux, un vieillard à tricorne, habillé à la mode du XVIIIᵉ siècle, l'interroge aimablement :

— Vous êtes nouveau?

— Oui... Et vous?

Le vieillard sourit et, désignant son costume :

— J'ai été pendu en 1778.

Pierre, avec sympathie, prend part au triste événement...

Le vieillard poursuit :

— C'était une simple erreur judiciaire. Ça n'a d'ailleurs aucune importance. Est-ce que vous avez quelque chose de précis à faire?

Et, devant l'air étonné de Pierre, blasé, il ajoute :

— Oui... Aller voir si votre femme vous pleure, ou si elle vous trompe, si vos enfants veillent sur votre corps, en quelle classe ils vous font enterrer...

Pierre l'interrompt vivement :

— Non, non. Tout marchera très bien sans moi.

— A la bonne heure. Alors, voulez-vous de moi pour guide?

— Trop aimable... murmure Pierre.

Mais, déjà, le vieillard l'entraîne, en assurant :

— Non, non, tout le plaisir est pour moi. Nous avons l'habitude d'attendre les nouveaux pour les initier à leur nouvel état, ça distrait.

Parvenus au coin de la rue, tous deux s'arrêtent. Pierre, amusé, regarde devant lui. Il a remis les mains dans les poches.

Une foule bigarrée évolue sur une petite place. Vivants et morts y sont mêlés.

Les morts sont vêtus de costumes de toutes les époques, un peu usés, un peu délavés.

Alors que les vivants ont l'air pressés, les morts

40

vont, flânant, tristes et quelque peu honteux. La plupart, d'ailleurs, se contentent de rester assis ou encore stationnent dans les encoignures, devant des vitrines, dans les embrasures des portes.

— Dites-donc! s'exclame Pierre, il y a foule.

— Pas plus que d'habitude, réplique le vieux gentilhomme. Seulement, maintenant que vous êtes enregistré, vous voyez aussi les morts.

— Comment les distingue-t-on des vivants?

— C'est bien simple : les vivants, eux, sont toujours pressés.

Et comme un homme passe d'un pas rapide, une serviette sous le bras, le vieillard affirme :

— Tenez, celui-ci... C'est sûrement un vivant.

L'homme en question est passé si près qu'il aurait dû, en effet, s'il avait été mort, entendre le propos.

Pierre le suit des yeux, l'air réjoui.

On sent que Pierre s'exerce à distinguer les vivants des morts, et qu'il y trouve un certain plaisir. Ils dépassent une femme qui marche plus lentement qu'eux, le visage maquillé, la jupe très courte. Pierre la dévisage en essayant de se faire une opinion. La femme ne semble pas le voir. Pierre se tourne vers le vieillard avec un regard interrogateur, et fait un geste discret vers la femme.

Le vieillard secoue la tête :

— Non, non! vivante.

Pierre fait un geste de léger dépit, tandis que la femme ralentit à l'approche d'un vivant pressé.

Le vieillard a remarqué la déconvenue de Pierre.

— Ne vous inquiétez pas, dit-il, vous apprendrez vite.

Ils continuent leur marche, mais bientôt ils sont arrêtés par un groupe qui vient à leur rencontre.

En tête, marche un petit homme à l'air idiot et dégénéré. Derrière lui, suit toute sa noble ascendance mâle, du XIX siècle au Moyen Âge, tous gens de belle prestance et de grande taille.

Le rejeton vivant de cette noble famille s'arrête pour allumer une cigarette ; les ascendants s'arrêtent derrière lui, suivant avec une attention étonnée le moindre de ses mouvements.

Pierre ne peut retenir une exclamation amusée ·

— Qu'est-ce que c'est que ce Carnaval ?

A peine a-t-il lâché ces paroles imprudentes que quelques-uns des nobles lancent à Pierre un regard furieux et consterné.

Le vieillard explique discrètement :

— Une très vieille famille de haute noblesse. Ces gens suivent leur suprême rejeton...

— Eh bien, murmure Pierre, il n'est pas beau. Ils ne doivent pas en être fiers. Pourquoi est-ce qu'ils le suivent ?

Le vieillard hausse les épaules, d'un air fataliste.

— Ils attendent qu'il soit mort pour pouvoir l'engueuler.

Cependant, ayant allumé sa cigarette, le rejeton se remet en marche, l'air important et niais, suivi de tous ses ascendants qui le couvent d'un regard attentif et désolé.

Pierre et le vieillard reprennent leur promenade, traversent la rue.

Une voiture arrive assez rapidement et le vieillard passe juste devant le capot sans la moindre
réaction, tandis que Pierre fait un brusque écart.

Le vieillard le contemple avec un sourire
indulgent :

— On s'y fait... on s'y fait...

Pierre comprend, se détend, sourit à son tour,
et ils reprennent leur marche.

L'ARRIÈRE-BOUTIQUE

Ève est assise sur une chaise devant le bureau,
le visage anxieux. Elle demande nerveusement :

— Vous en êtes sûre? Vous en êtes bien sûre?

La vieille dame, dont le calme courtois et
ennuyé contraste avec la nervosité d'Ève, réplique
avec dignité :

— Je ne me trompe jamais. C'est professionnel.

Ève insiste :

— Il m'a empoisonnée?

— Eh oui, Madame.

— Mais pourquoi? pourquoi?

— Vous le gêniez, répond la vieille dame. Il a
eu votre dot. Maintenant, il lui faut celle de votre
sœur.

Ève joint les mains dans un geste d'impuissance
et murmure, accablée :

— Et Lucette est amoureuse de lui!

La vieille dame prend une mine de cir-
constance :

— Toutes mes condoléances... Mais, voulez-vous me donner une signature ?

Machinalement, Ève se lève, se penche sur le registre et signe.

— Parfait, conclut la vieille dame. Vous voilà morte officiellement.

Ève hésite, puis s'informe :

— Mais où faut-il que j'aille ?

— Où vous voudrez. Les morts sont libres.

Ève, comme Pierre, se dirige machinalement vers la porte par où elle est entrée, mais la vieille dame intervient :

— Non... par là...

Ève, absorbée, quitte la pièce.

UNE RUE

Ève marche tristement dans une rue, la tête basse, les mains dans les poches de sa robe de chambre.

Elle ne s'intéresse pas à ce qui l'entoure, et croise, sans les regarder, les vivants et les morts. Soudain, elle entend la voix d'un camelot :

— Mesdames et Messieurs, encore quelques francs et Alcide va réaliser devant vous une performance sensationnelle... D'un seul bras, d'un seul, il arrachera un poids de cent kilos. J'ai dit cent kilos, cent.

Un cercle de badauds entoure un hercule de fête foraine. C'est un gros homme en maillot rose, moustache provocante, raie au milieu, avec un accroche-cœur sur chaque tempe. Il se tient immobile dans une pose avantageuse. Le bonimenteur le présente au public.

Ève contourne le groupe de badauds, jette un coup d'œil sur le spectacle sans s'arrêter.

Au dernier rang des curieux, Pierre et le vieillard regardent.

— Venez donc, dit ce dernier, il y a mieux à voir... Nous avons un club...

— Une minute, répond Pierre, agacé, j'ai toujours aimé les hercules.

De son côté, Ève a contourné le cercle des badauds. Elle s'arrête, regardant machinalement du côté de l'hercule.

Le bonimenteur s'efforce toujours de stimuler la générosité de la foule :

— Allons, Messieurs Dames ! Vous ne voudrez pas laisser dire que l'haltérophilie se meurt faute d'encouragements. Encore douze francs, et Alcide commence. Douze francs. Douze fois vingt sous, un franc à droite ? Un franc à gauche ? Merci. Plus que dix francs, dix, et on commence !

Soudain, le regard d'Ève est attiré par une petite fille d'une douzaine d'années qui porte un panier d'où dépasse une bouteille de lait et un sac de dame très abîmé dans lequel, sans doute, elle met son argent. On l'a envoyée faire des courses, mais elle s'attarde un instant à regarder le camelot.

Elle ne s'aperçoit pas qu'un jeune voyou, de dix-sept ans environ, s'est glissé derrière elle et essaie de la voler.

Après avoir jeté un coup d'œil négligent autour de lui, il allonge doucement la main et saisit le sac de la fillette.

Ève a vu le geste; elle crie:

— Attention, petite, on te vole!

Pierre, de l'autre côté de l'enfant, tourne vivement la tête vers Ève, puis ses yeux s'abaissent sur la petite fille.

Ève a remarqué le mouvement de Pierre, et c'est maintenant à lui qu'elle s'adresse:

— Arrêtez-le, mais arrêtez-le donc!

Le vieillard, d'un air complice, pousse Pierre du coude.

Le voyou a tout le temps de s'éloigner...

Ève, le bras tendu, crie:

— Au voleur! Au voleur!

D'un air très amusé, Pierre observe la jeune femme.

Le vieillard constate:

— Cette dame est aussi une nouvelle.

— Oui... fait Pierre, un peu fat, elle n'a pas encore compris...

Ève se retourne vers Pierre:

— Mais, faites quelque chose! lui lance-t-elle. Qu'est-ce que vous avez à rire? Arrêtez-le donc!

Pierre et le vieillard échangent un clin d'œil et Pierre remarque:

— Madame n'a pas encore l'habitude.

— Comment? s'étonne Ève, l'habitude de quoi?

Ève les regarde l'un et l'autre et comprend soudain. Elle semble désemparée, découragée.

46

— Ah! Oui... murmure-t-elle, c'est vrai.

Pierre et Ève se regardent une seconde avec intérêt puis suivent la petite fille des yeux.

Celle-ci vient de constater que le sac a disparu. Elle fouille son panier de plus en plus fébrilement, va même jusqu'à regarder dans sa boîte à lait, cherche par terre entre les jambes des spectateurs, puis elle se redresse avec un petit visage pâle traqué, sa bouche se crispe, des larmes brillent dans ses yeux agrandis.

Ève, Pierre et son guide se taisent et observent l'enfant d'un air bouleversé, même le vieillard chez lequel, pourtant, les sentiments ont dû s'émousser...

La petite fille s'éloigne, traînant son panier et sa boîte à lait.

Elle fait quelques pas, se laisse tomber sur un banc et se met à sangloter, pitoyable, la tête dans son bras.

— Pauvre gosse, murmure Pierre. Elle va se faire passer quelque chose en rentrant.

Puis il ajoute, avec, pour la première fois, une nuance d'amertume :

— Et voilà!

Ève s'insurge :

— Et voilà! C'est tout l'effet que ça vous produit?

Pierre s'efforce de dissimuler son émotion derrière une apparente insolence.

— Qu'est-ce que vous voulez que j'y fasse?

Ève hausse les épaules.

— Rien.

Mais elle tourne la tête du côté de l'enfant :

— Ah! C'est odieux, dit-elle, odieux de ne pouvoir rien faire.

Ève et Pierre se regardent de nouveau. Puis, Pierre se détourne brusquement, comme pour chasser une pensée importune.

— Allons-nous-en, propose-t-il au vieillard. Tenez... Je vous suis...

Il s'éloigne en compagnie de son guide tout heureux de cette diversion.

De son côté, Ève se remet en marche, tête basse, les mains dans les poches de sa robe de chambre. Elle passe près de la petite fille sans la regarder et s'en va...

PORTE DU PALAIS DU RÉGENT

Pierre et le vieillard sont parvenus devant la porte monumentale du Palais du Régent. Deux énormes miliciens armés, figés dans un garde-à-vous impressionnant, en défendent l'entrée.

Pierre s'immobilise brusquement. Le vieillard, qui avait peine à le suivre, s'arrête à son tour, mais avec l'intention de continuer.

Pierre mesure du regard l'énorme porte et dit avec une joie visible :

— C'est là.

— Vous dites ?

— Il y a des années que j'ai envie de le voir de près.

— Le Régent ? s'étonne le vieillard, vous voulez voir le Régent ? Curieuse idée... Un misérable usurpateur sans aucune envergure.

— Il m'intéresse, réplique gaiement Pierre.

Le vieillard fait un geste d'incompréhension polie et désigne la porte :

— En ce cas, mon cher, ne vous gênez pas.

Sans hésiter, Pierre gravit les marches et s'arrête un instant à la hauteur des deux miliciens. Et, se penchant presque sous le nez de l'un d'eux, il dit :

— Si tu savais qui tu laisses passer...

UNE GALERIE DU PALAIS ET
LA CHAMBRE DU RÉGENT

Pierre et le vieillard avancent dans une vaste galerie où quelques morts sont assis çà et là, dans des costumes de leur époque... Ils croisent un premier valet en livrée qu'ils laissent passer entre eux.

Pierre semble prodigieusement intéressé par tout ce qu'il voit. Le vieillard, lui, considère toutes ces choses d'un œil blasé.

Ils arrivent bientôt devant une large porte d'angle, gardée, elle aussi, par deux miliciens au garde-à-vous.

A ce moment, un second valet survient, portant une superbe paire de bottes noires.

L'un des miliciens, dans un geste mécanique et

rituel, ouvre la porte au valet qui entre majestueusement.

Pierre, qui est tout près de la porte, empoigne vivement le vieillard par une manche et l'entraîne en soufflant :

— Venez !

Ils entrent rapidement à la suite du valet et le milicien referme la porte derrière eux.

Pierre et le vieillard restent un instant immobiles. Puis ils avancent lentement vers le centre de la pièce.

C'est une immense chambre somptueuse au fond de laquelle s'élève un lit à baldaquin. Une table en chêne massif, de grands fauteuils d'époque, des rideaux de velours, des brocarts, des tapis, meublent la pièce.

Le Régent est assis au pied du lit. Il est en bras de chemise, en pantalon d'officier et en chaussettes. Il porte un protège-moustache et fume une cigarette de luxe.

C'est un homme large et solide, au visage de bellâtre cruel, mais pouvant faire illusion.

Le valet l'aide, avec déférence, à enfiler ses bottes.

Une dizaine de morts, dont une femme, se trouvent dans la pièce ; les uns sont assis dans les fauteuils ou sur le lit, certains même par terre. D'autres sont adossés aux murs ou debout contre les meubles.

Il y a un chef milicien qui porte un uniforme semblable à celui du Régent ; un colosse médiéval ; un milicien de seconde classe ; un très vieil homme à moustache blanche, s'appuyant sur une canne; un officier du XIXe siècle en dolman à brandebourgs et culotte collante; trois vieux messieurs en veston bordé et pantalon rayé; enfin, une femme d'une trentaine d'années, vêtue d'un élégant costume de chasse.

Tous regardent le Régent avec des airs ironiques ou sinistres.

Pierre hoche la tête, amusé :

— Eh bien, dit-il gaiement, je ne suis pas le seul.

Ces paroles attirent l'attention des morts, qui tournent la tête nonchalamment vers les nouveaux venus.

Le compagnon de Pierre explique :

— Cet usurpateur a toujours des visites.

— Des amis ?

Les morts, haussant les épaules, se détournent dédaigneusement et le vieux gentilhomme se hâte de corriger :

— D'anciens amis.

Cependant, après avoir enfilé ses bottes, le Régent se lève et s'approche d'une haute glace dans laquelle il se voit en pied.

Le Régent, pour se placer devant la glace, s'est approché de Pierre qui tourne autour de lui et l'examine comme on examine un insecte... Tout près d'eux, le milicien de deuxième classe se tient appuyé contre un meuble, les bras croisés, et contemple son ancien « chef », les sourcils froncés.

Le Régent se regarde avec complaisance et commence à répéter devant son miroir. Il s'exerce à saluer, prend des poses avantageuses. Ses gestes

51

théâtraux sont ceux d'un orateur en pleine action, mais complètement ridicules.

Imperturbable, le valet de chambre, portant une tunique d'uniforme, se tient debout à quelques pas de lui.

Au bout d'un certain temps, le Régent fait un signe bref au valet qui s'approche et lui tend la tunique.

Pierre secoue la tête et, se tournant vers le milicien, dit gaiement :

— Tu te rends compte ?

Le milicien approuve en hochant la tête, sans quitter le Régent des yeux.

— Il est beau ton patron, ajoute Pierre ironiquement.

— Vous pouvez le dire, dit le milicien. Si j'avais su ça avant, je n'aurais jamais marché.

Après avoir endossé la tunique, le Régent l'enlève et demande au valet :

— Tu crois que ça irait sans tunique ?

— Certainement, Excellence, mais la tunique avantage encore votre Excellence.

Le Régent remet la tunique et se dirige vers la table près de laquelle se tient le colosse médiéval. Le Régent, suivi de Pierre, s'approche de la table en boutonnant sa tunique.

Avant de prendre son ceinturon, le Régent jette sa cigarette dans le magnifique plat qui orne la table. Le colosse a un sursaut d'indignation.

— Dans mon plat à barbe ! rugit-il.

Pierre se tourne vers lui avec intérêt.

— Il est à vous ?

— Je suis ici chez moi, mon ami. J'étais roi de

ce pays il y a quatre cents ans. Et je vous prie de croire qu'à cette époque, on respectait mes meubles.

Pierre sourit et désigne le Régent :

— Consolez-vous, Sire, il n'en a plus pour longtemps.

La seule femme qui se trouve parmi les morts se retourne, étonnée :

— Que voulez-vous dire? demande-t-elle.

— C'est pour demain.

Le milicien se rapproche intéressé.

— Qu'est-ce qui est pour demain?

— L'insurrection.

— Vous en êtes sûr? questionne la femme.

— C'est moi qui ai tout préparé. Ça vous intéresse?

La femme désigne le Régent qui accroche une décoration autour de son cou et un crachat sur sa poitrine; elle jette avec passion :

— Je suis morte il y a trois ans. A cause de lui. Et depuis, je ne l'ai jamais quitté une seconde. Je veux le voir pendre.

Le chef milicien, qui a suivi la conversation, se rapproche à son tour.

— Ne vous emballez pas, dit-il. Ces choses-là ne réussissent pas toujours. Il est plus malin qu'il n'en a l'air, vous savez...

La jeune femme hausse les épaules :

— Ce n'est pas parce que vous avez manqué votre affaire...

Cependant, tous les morts se sont maintenant réunis autour de Pierre.

Le chef milicien poursuit :

— Vous vous rappelez la conjuration des Croix Noires ? C'était moi. Je n'avais rien laissé au hasard. Il nous a eus quand même...

— Moi aussi, admet Pierre, il m'a eu, mais trop tard, il n'aura pas les autres.

— Vous êtes bien sûr de vous.

Pierre s'adresse à la fois au chef milicien et aux autres morts qui l'entourent :

— Il y a trois ans qu'on travaille à ça, les copains et moi. Ça ne peut pas rater.

— J'en disais autant... murmure le chef milicien.

L'officier à brandebourgs, qui est assis sur une chaise près de la table, lance dans un ricanement :

— Les jeunes morts se font toujours des illusions.

Pendant qu'il prononce ces mots, le valet passe derrière lui, puis, comme s'il n'était pas là, s'empare de sa chaise qu'il emporte. L'officier reste assis dans le vide, tandis que le Régent s'assied sur la chaise que lui glisse sous les fesses le valet. Pierre s'adresse à tous les morts qui le regardent d'un air sceptique, et dit :

— Vous avez l'air bien pessimistes.

— Pessimistes ? gronde le milicien, j'ai servi cet homme pendant des années...

Tout en parlant, il se rapproche du Régent, et tous les morts vont former un cercle autour de la table.

Le valet enlève, selon le cérémonial quotidien, le protège-moustache du Régent.

— Je croyais en lui, poursuit le milicien, je suis mort pour lui. Et, à présent, je vois ce guignol :

une femme par jour, des talons hauts. Il fait écrire ses discours par son secrétaire. Et quand il les répète devant la glace, ils rigolent tous les deux. Vous trouvez que c'est drôle de s'apercevoir qu'on s'est fait couillonner toute sa vie?

Le Régent s'est attaqué à son repas matinal. Il mange et boit comme un cochon, mais ses mains s'agitent avec des gestes distingués.

Le chef milicien prend la parole, durement :

— Pessimistes? En arrivant ici, j'ai appris que c'était mon meilleur ami qui nous avait vendus. Il est aujourd'hui Ministre de la Justice.

Pierre veut parler, mais il est interrompu de nouveau. La femme s'est placée tout contre le Régent et poursuit en le désignant :

— Pessimistes? Regardez celui-là. Je l'ai connu quand il était gratte-papier. Je l'ai aidé. J'ai travaillé pour lui. Je me suis vendue pour le sortir de prison. C'est moi qui ai fait sa carrière.

— Et après? fait Pierre.

— Je suis morte dans un accident de chasse, et l'accident de chasse, c'était lui.

Le Régent continue à bâfrer, se curant parfois les dents d'un ongle délicat.

Pierre, qui n'a pas eu la possibilité de placer un mot, éclate soudain de colère et regarde les morts avec défi.

— Eh bien, quoi? qu'est-ce que ça prouve? que vous avez raté votre vie.

Alors les morts répondent tous ensemble :

— Vous aussi. Bien sûr, nous l'avons ratée. Tout le monde rate sa vie.

Le vieillard, qui avait gardé le silence depuis

son entrée dans la chambre, prend la parole, et sa voix domine le tumulte :

— On rate toujours sa vie, du moment qu'on meurt.

— Oui, quand on meurt trop tôt, s'exclame Pierre.

— On meurt toujours trop tôt... ou trop tard.

— Eh bien pas moi, vous m'entendez ? pas moi !

Les rires et les moqueries des autres morts redoublent. Mais Pierre, debout au milieu d'eux, fait front.

— J'ai préparé l'insurrection contre ce pantin. Elle éclatera demain. Je n'ai pas raté ma vie. Je suis heureux, moi, je suis gai, et je ne veux pas être des vôtres...

Il se dirige vers la porte, puis, se ravisant, revient sur ses pas et, au milieu des morts qui ricanent, il ajoute :

— ... Non seulement vous êtes morts, mais vous avez mauvais moral.

Furieux, il va vers la sortie, suivi par le vieillard.

Derrière lui, les morts continuent de parler en même temps :

— Tant mieux pour lui s'il est heureux... Il finira bien par comprendre... Tous les mêmes ! Il se croit malin. Il n'est que ridicule ! Vous verrez bien si ça marchera... Il est gai, eh bien, il a de la chance !

Au milieu de ce tohu-bohu, on frappe fortement à la porte.

La bouche pleine, le Régent crie :

— Qu'est-ce que c'est ?

Au moment où Pierre et son compagnon parviennent à la porte, celle-ci s'ouvre et livre passage à un huissier milicien qui salue le Régent et annonce :

— Le Chef de la Police demande à vous parler. Il dit que c'est très pressé, et très grave.

— Faites entrer.

L'huissier salue et sort.

Pierre et le vieillard se disposent à le suivre, mais brusquement, Pierre se fige sur le seuil. Il voit le Chef de la Police en conversation avec Lucien Derjeu. Manifestement, il l'engueule.

Lucien, que deux miliciens encadrent, a l'air ennuyé et apeuré.

Pierre considère Lucien avec stupeur et articule :

— Ça alors ! Le môme, là... C'est lui qui m'a descendu...

Le poing tendu, brusquement menaçant, il crie à l'adresse de Lucien :

— Petite saloperie !

Mais le vieillard lui conseille :

— Ne vous donnez donc pas cette peine.

— Je sais... mais j'aurais quand même bien voulu lui casser la figure.

Le Chef de la Police s'avance et s'incline devant le Régent. Les morts qui s'étaient un peu écartés reviennent et se groupent autour de la table.

— Qu'est-ce que c'est, Landrieu ? demande le Régent.

Landrieu, très embêté :

— Un incident déplorable. Excellence... Je...

— Eh bien... je vous écoute...

— Un de nos indicateurs a fait une bêtise... Il a tué Pierre Dumaine.

Le Régent, qui était en train de boire, s'étrangle.

— Pierre Dumaine est mort et vous appelez ça un *incident* ?

Il donne sur la table un coup de poing et poursuit :

— Savez-vous ce qui va se passer, Landrieu ?... Sans Pierre Dumaine, plus d'insurrection. La Ligue n'osera pas bouger sans son chef.

Pierre change de visage. Le vieillard, qui semble avoir déjà compris, le regarde du coin de l'œil avec ironie.

— Je lui avais dit de le suivre, Excellence... il a cru bien faire... répond Landrieu.

Pierre se rapproche encore, se frayant un passage au milieu des autres morts.

Le visage tendu, il écoute.

Le Régent crie à la face de Landrieu accablé :

— Il fallait qu'ils la fassent, leur insurrection. Avec les renseignements que nous avions, c'était une occasion unique. Tous les meneurs liquidés d'un seul coup et la Ligue assommée pour dix ans.

Pierre est bouleversé. Le vieillard le questionne d'un petit air innocent :

— Vous ne vous sentez pas bien ?

Pierre ne répond pas.

Les morts, tirés de leur torpeur, suivent la discussion avec un intérêt passionné. Quelques-uns ont compris et regardent alternativement Pierre et le Régent avec des sourires entendus.

Landrieu bredouille :

— Tout n'est pas perdu, Excellence.

— Je vous le souhaite, Landrieu. Si *demain* la Ligue ne bouge pas, c'est *vous* qui répondrez de l'excès de zèle de votre mouchard... Allez!

Après une hésitation, mais n'osant plus ajouter une parole, le Chef de la Police s'incline et gagne la sortie, tandis que le Régent furieux dit pour lui-même :

— Trois ans d'efforts. Un budget de police comme on n'en avait jamais vu.

En voyant la mine que fait Pierre, les morts se mettent à rire.

Comme Landrieu vient d'atteindre la porte, le Régent hurle une dernière fois :

— Ça vous coûtera votre place, Landrieu!

Le Chef de la Police se retourne et s'incline.

Au milieu des morts qui continuent à ricaner, Pierre dit :

— Ça vous fait rire? Tous les copains vont se faire massacrer.

— Vous devenez pessimiste! ironise le chef milicien.

— Vous me dégoûtez! crie Pierre.

Puis il s'éloigne et, profitant de ce que Landrieu a ouvert la porte, sort rapidement, suivi du vieillard.

LA RUE DES CONSPIRATEURS

Un jeune ouvrier arrive en courant devant la porte de l'immeuble dans lequel Pierre Dumaine avait tenu la réunion secrète au cours de laquelle furent arrêtés les derniers détails de l'insurrection.

Après avoir jeté un bref coup d'œil autour de lui, le jeune homme entre.

UN ESCALIER D'IMMEUBLE

Le jeune ouvrier s'arrête devant la porte d'une chambre, sur un palier sordide.

Derrière le jeune homme, Pierre et son vieux compagnon sont là. Ils attendent.

Le jeune ouvrier, tout en frappant nerveusement contre le panneau, crie à travers la porte :

— Eh ! les gars ! il paraît qu'ils ont buté Dumaine.

On entend des pas rapides qui se rapprochent, puis la porte s'ouvre.

Dixonne intervient :

— Qu'est-ce que tu dis ?

— Paraît qu'ils ont buté Dumaine... répète l'autre.

Venant de l'intérieur de la pièce, la voix de Langlois insiste :

— Tu es sûr ?

— C'est Paulo qui m'a dit ça.

Pierre regarde alternativement les visages de ses anciens compagnons.

— Les salauds ! gronde Dixonne. File aux nouvelles. Quand tu sauras quelque chose, passe chez moi.

60

— D'accord, acquiesce le jeune ouvrier qui dévale aussitôt l'escalier.

LA CHAMBRE DES CONSPIRATEURS

Dixonne repousse machinalement la porte sans la refermer complètement. Il se retourne vers les camarades qui l'entourent. Les quatre hommes restent sur place, silencieux.

Dans l'entrebâillement de la porte apparaît le visage de Pierre. Il écoute, le visage grave.

Enfin, Langlois rompt le silence pesant :

— Si Dumaine est mort, on marche quand même demain ?

— Plutôt deux fois qu'une, répond Dixonne. Ils paieront ça aussi... Vous n'êtes pas d'accord, les gars ?

Poulain et Renaudel approuvent :

— D'accord.

— Plutôt deux fois qu'une.

— Ça va, conclut Dixonne, maintenant, au boulot. Il n'y a pas de temps à perdre...

Pierre, dans l'entrebâillement de la porte, essaie d'ouvrir la porte. Il s'arc-boute. La porte ne bouge pas.

Dixonne s'adresse à Poulain encore debout :

— Donne un peu d'air, on la crève, ici.

Poulain s'exécute, ouvre la fenêtre et, sous l'effet du courant d'air, d'un seul coup, la porte se referme...

Pierre se tient contre la porte refermée. Il frappe sans qu'on entende le moindre bruit et crie à travers la porte.

— C'est un piège, les gars! Ne faites rien. C'est un piège.

Pour toute réponse, on entend quelqu'un qui s'approche et ferme à clef, de l'intérieur.

Pierre regarde le vieillard qui lui fait signe de ne pas insister. Pierre sait bien l'inutilité de ses efforts, et il en souffre pour la première fois.

Il se retourne et dit, avec un grand désespoir :

— Demain, ils seront tous morts ou arrêtés. Et ce sera ma faute.

Le vieux gentilhomme fait un geste qui signifie : « Qu'y pouvez-vous ? »

Pierre, maintenant, martèle rageusement la rampe de coups de poing insonores :

— Bien sûr, tout le monde se fout de tout, ici. Mais pas moi, vous entendez ? Pas moi.

Dans la chambre aux volets mi-clos, le corps d'Ève repose sur son lit.

Agenouillée, Lucette tient la main de sa sœur et pleure, la joue posée sur cette main.

Immobile, André est debout derrière sa jeune belle-sœur.

Ève se tient toute droite, le dos contre le mur, les bras croisés et observe la scène d'un regard dur.

Lucette relève la tête, baise passionnément la main de sa sœur. Elle gémit, désespérée :

— Ève, Ève, ma chérie.

André se penche sur Lucette, la prend doucement aux épaules et la force à se relever.

— Venez, Lucette... venez...

La jeune fille se laisse convaincre.

André l'entraîne en la tenant par la taille.

Elle pose sa tête contre l'épaule d'André.

Ce dernier conduit Lucette jusqu'à un canapé et la fait asseoir.

Ils sont passés devant Ève qui, lentement, leur emboîte le pas, sans cesser de les regarder avec une dureté inquiète. Elle vient se placer derrière le canapé, et attend...

Tout à coup, une voix d'homme se fait entendre :

— Bonjour !

Ève se retourne brusquement.

Son visage s'éclaire et soudain, très émue, elle murmure :

— Papa !...

Le père d'Ève, aimable et souriant, passe la tête par l'entrebâillement de la porte du salon. Il se glisse dans l'ouverture étroite et s'avance vers Ève :

— J'ai appris que tu étais parmi nous. Je suis venu te souhaiter la bienvenue.

C'est un vieillard encore vert, très distingué, tiré à quatre épingles : guêtres, œillet à la boutonnière. Il personnifie le type achevé du vieux clubman, incurablement léger.

Il rejoint Ève qui, très émue, est restée sur place, et lui tend les mains. Elle se jette dans ses bras.

— Père, que je suis heureuse ! Il y avait si longtemps...

Le père l'embrasse légèrement sur le front et la repousse doucement, des deux mains. Ève, en reculant, garde les deux mains de son père dans les siennes et contemple celui-ci avec émotion. Puis cette émotion se reporte sur Lucette et elle dit soudain :

— Papa... Notre petite Lucette... Il faut que tu saches ce qui se passe ici.

Le père a l'air gêné et même un peu mécontent. Il ne veut pas regarder du côté que lui désigne Ève.

— Crois-tu vraiment, dit-il, que ce soit nécessaire ? J'ai très peu de temps, mon enfant.

Ève le force à se retourner vers le canapé.

— Regarde.

64

La vieille dame est assise à son bureau. En fac[e]
[d']elle se tient, debout, très intimidée, une tout[e]
[j]eune fille en pull-over. Ses cheveux en désordr[e]
[o]nt été mouillés et pendent tout raides autour d[e]
[s]on visage. La vieille dame lui tend le porte-
[p]lume, en disant d'un ton bourru et affectueux :
— C'est du joli de vous noyer à cet âge !...
[S]ignez... Vous êtes bien avancée, maintenant...
Et comme la petite reste devant elle, les yeu[x]
[b]aissés, elle ajoute :
— ... La sortie est par là, mon enfant...
La petite sort.
La vieille dame secoue la tête, passe le tampo[n]
[b]uvard sur la signature et dit, en refermant [le]
[r]egistre :
— Allez... Fini pour aujourd'hui.
A ce moment précis, une voix d'homme empl[it]
[l]a pièce, une voix énorme et grave :
— Non, madame Barbezat, non !
La vieille dame sursaute et prend aussitôt l'ai[r]
[c]ontrit d'une employée rappelée à l'ordre.
La voix reprend :
— Veuillez consulter votre registre au cha[pitre] « Réclamations ».
— Bien, monsieur le directeur, répond humble[me]nt la vieille dame, sans lever les yeux.
Elle ouvre son registre, ajuste son face-à-mai[n]
[e]t consulte le chapitre indiqué, en tête duquel ell[e]
[p]eut lire cette indication :

Lucette a toujours la tête sur l'épaule d'André et pleure doucement. Lui ayant entouré les épaules de son bras, André la serre contre lui.
Le père regarde, mais il est visible qu'il en est gêné et voudrait être ailleurs...
— Tu vois ? demande Ève.
— Ne pleurez pas, Lucette, dit André.
Ève, sans quitter le couple des yeux, s'adresse à son père :
— Écoute...
— Vous n'êtes pas seule, vous le savez bien, poursuit André. Je vous aimerai comme Ève vous aimait... Je vous aime tendrement, Lucette... Vous êtes si charmante et si jeune...
Lucette lève les yeux vers André qui lui sourit, puis, avec une confiance enfantine, elle laisse aller de nouveau sa tête sur son épaule. Ève a un geste de pitié et de tendresse pour sa sœur et pose sa main sur les cheveux et le front de Lucette.
Au même instant, André se penche et baise Lucette sur la tempe.
Ève, avec dégoût, retire sa main brusquement !
— Père !...
Mais le père fait un geste d'impuissance :
— Eh ! oui, mon enfant... eh ! oui.
En même temps, il fait quelques pas comme s'il cherchait à s'écarter de ce spectacle pénible.
— Père, il m'a empoisonnée parce que je le gênais...
Le père, ayant fait encore quelques pas, esquisse un geste vague.
— Je l'ai vu faire... ça n'est pas beau... Ça n'est pas beau du tout...

Ève regarde son père, outrée de tant d'indifférence.

— Mais c'est ta fille, père. Il la fera souffrir.

Ève et son père sont maintenant chacun d'un
côté du canapé, avec, entre eux, Lucette et André.

— Évidemment, c'est très regrettable...

— C'est tout ce que tu trouves à dire?

Le père regarde Ève d'un air égaré, et réplique
avec violence :

— Qu'est-ce que tu veux que je dise? Je savais
ce qui m'attendait ici. Je savais que je n'y pourrais
rien. Pourquoi m'as-tu empêché de partir?

Puis sa colère se détourne sur André :

— Nous te voyons, André, nous t'entendons. Tu
devras rendre des comptes un jour. Assassin!
Nous savons tout, entends-tu?... Lucette... Pour
l'amour de Dieu, Lucette, écoute-moi, je...

Lucette, la tête toujours posée sur l'épaule
d'André, souriant à travers ses larmes et se blottis-
sant davantage contre lui, murmure :

— Vous êtes bon, André...

Le père s'arrête net au milieu de sa phrase. Puis
sa colère tombe et il écarte les bras dans un geste
de résignation attristée. Il s'adresse à Ève :

— Tu vois ce que tu me fais faire, mon enfant?
Je suis ridicule... Allez, je préfère m'en aller...

Il se dirige vers la porte, mais Ève court après
lui :

— Lucette était ta préférée.

— On oublie vite les vivants, tu verras... Quand
tu étais fiancée, je me rongeais de te voir avec ce
saligaud. Je te l'ai dit souvent. Mais tu lui souriais
sans m'entendre, comme Lucette...

Ils continuent à marcher jusqu'à la p

— Allons, au revoir, mon enfant. T
mettre en retard. J'ai un bridge dans dix

Ève s'étonne :

— Un bridge?

— Oui. Nous regardons jouer les vivan
voyons les quatre jeux. C'est très amus
puis, nous jouerions tellement mieux qu
nous pouvions tenir les cartes...

Tout en parlant, Ève et son père sont pa
à la porte du salon. Sur le seuil, ils se reto

André et Lucette se sont levés. André
contre lui sa jeune belle-sœur, qu'il tient
taille, et qu'il entraîne vers une autre piè
ouvre la porte.

Alors qu'ils vont sortir, Ève se précipite po
suivre, mais elle arrive à la porte au momen
André la referme.

Ève, bouleversée, s'appuie contre le panne
frappe de toutes ses forces sans qu'on enten
son.

En même temps, elle jette des appels ang

— Lucette! Lucette!

Elle cesse de frapper à la porte et se tour
son père. Celui-ci est prêt à partir. Il rega
et lui conseille :

— Ne reviens plus ici si ça doit te fa
peine. Allons... au revoir, ma petite f
revoir...

Il disparaît.

Ève reste un moment sur place et jet
nier regard sur la porte.

66

67

« Pierre Dumaine-Ève Charlier. Rencontre fixée : dix heures et demie, au parc de l'Orangerie. »

La vieille dame referme son face-à-main et soupire :

— Allons, bon ! Encore des complications.

UN PARC

Pierre et le vieillard cheminent côte à côte dans une allée du parc.

Pierre, fatigué, s'adresse à son compagnon :

— C'est une belle saloperie d'être mort !

— Oui... Mais il y a quand même de petites compensations...

— Vous n'êtes pas difficile !

— Pas de responsabilités. Pas de soucis matériels. Une liberté totale. Des distractions de choix.

Pierre ricane amèrement :

— Le Régent, par exemple...

— Vous vous placez toujours du point de vue de la terre. Mais vous finirez par vous faire une raison.

— J'espère bien que non. La sagesse des morts me déroute.

A ce moment, ils croisent une jolie marquise. Le vieillard la suit des yeux en souriant, et il ajoute :

— Et puis, il y a de jolies mortes...

Pierre ne répond pas.

Petit à petit, un chant nasillard de flûte

s'impose à l'oreille de Pierre; le chant se rapproche.

Pierre aperçoit tout à coup, devant lui, un vieux
clochard aveugle qui se tient accroupi à l'angle
d'une allée.

Il a posé sa sébile devant lui et joue de la flûte.
Les vivants, en passant, jettent des pièces dans la
sébile.

Pierre s'arrête devant l'aveugle, le regarde et
dit :

— C'est les vivants qui m'intéressent... Tenez,
ce vieux clochard. C'est un pauvre type. Le dernier
des hommes. Mais il est vivant.

Doucement, il s'accroupit près de l'aveugle. Il le
regarde, comme fasciné... Il lui touche le bras,
puis l'épaule, et murmure, ravi :

— C'est vivant !

Il lève les yeux vers le vieillard et interroge :

— Ça n'est jamais arrivé à personne de revenir
sur terre pour arranger ses affaires ?

Mais le vieillard ne l'entend point, trop occupé à
sourire à la jolie marquise du XVIII\e siècle, qui
repasse près d'eux. Très émoustillé, le vieillard
s'excuse auprès de Pierre :

— Vous permettez ?

Pierre répond avec indifférence :

— Je vous en prie...

Le vieillard fait deux pas en direction de la marquise, puis se ravise et croit devoir expliquer :

— Cela ne va jamais très loin, mais cela fait
passer le temps.

Puis, vivement, il emboîte le pas à la marquise.

Pierre passe son bras autour de l'épaule du clochard et se serre contre lui, comme s'il voulait lui prendre un peu de sa chaleur...

Un court instant, il demeure dans cette attitude jusqu'à ce qu'une voix lui demande :

— Qu'est-ce que vous faites là ?

Pierre a reconnu la voix d'Ève.

Il se retourne et se lève brusquement.

La jeune femme le contemple et lui sourit :

— Il n'y a pas de quoi rire, dit Pierre.

— Vous étiez si drôle, avec ce bonhomme !

— Il est vivant, vous comprenez ? rétorque-t-il, comme pour s'excuser.

— Pauvre vieux ! murmure-t-elle, je lui donnais toujours quelque chose en passant... mais à présent...

En parlant, elle s'est assise à son tour auprès du vieux bonhomme, qu'elle regarde, elle aussi, avec un sentiment de regret et d'envie...

Pierre se rassied, de l'autre côté de l'aveugle. Ils sont ainsi, Ève et lui, de chaque côté du mendiant.

— Oui, dit-il, à présent, c'est nous qui aurions besoin de lui. Ah ! si je pouvais me glisser dans sa peau et retourner sur terre un moment, rien qu'un petit moment.

— Ça m'arrangerait bien, moi aussi.

— Vous avez des ennuis, de l'autre côté ?

— Un seul, mais qui compte.

Pendant qu'ils parlent, l'aveugle s'est mis à se gratter ; discrètement d'abord, puis de plus en plus vigoureusement.

Ni Pierre, ni Ève ne le remarquent tout de suite, parce que, dès qu'ils parlent de leurs ennuis, ils cessent de regarder le vieux, ou bien se regardent l'un et l'autre.

— Moi, c'est pareil, déclare Pierre, c'est peut-être ridicule, mais je n'arrive pas à l'oublier...

Tout à coup, sans raison apparente, il se met à rire.

— Qu'est-ce qui vous fait rire ? demande-t-elle.

— Je vous imaginais dans la peau du vieux.

Ève hausse les épaules.

— Celle-là ou une autre...

— Vous perdriez au change, assure Pierre, en la regardant.

A cet instant, l'aveugle cesse brusquement de jouer et se gratte le mollet avec violence.

Ève se lève et reconnaît :

— Tout de même, j'aimerais mieux qu'on en trouve une autre.

Souriant, Pierre se redresse également, et ils s'éloignent en abandonnant le vieil aveugle.

Côte à côte, ils suivent maintenant une allée du parc. Ils ne parlent plus.

A quelques mètres, deux femmes quelconques les croisent. A chacune d'elles, Pierre jette un coup d'œil critique, puis, brusquement, il déclare :

— Ça doit être rare.

Mais Ève ne comprend pas.

— Quoi donc ?

— Une vivante avec qui vous ne perdriez pas au change.

Ève sourit au compliment, mais, presque aussitôt, ils croisent une jeune femme, élégante et jolie.

Ève déclare, affirmative :

— Celle-là...

Pierre fait « non » de la tête, comme si Ève n'avait aucun goût, et, très naturellement, il lui prend le bras. Elle a une légère réaction, mais ne tente pas de se dégager.

Sans la regarder, Pierre dit alors :

— Vous êtes belle.

— J'étais belle, rectifie Ève en souriant.

Toujours sans la regarder, Pierre répond :

— Vous êtes belle. La mort vous va bien. Et puis, vous avez une de ces robes...

— C'est une robe de chambre.

— Vous pourriez la mettre pour aller au bal.

Tous deux restent un instant silencieux, puis il questionne :

— Vous habitiez la ville ?

— Oui.

— C'est bête, murmure-t-il. Si je vous avais rencontrée avant...

— Qu'est-ce que vous auriez fait ?

Pierre se tourne brusquement vers la jeune femme avec une sorte d'élan. Il va dire quelque chose, mais les mots s'arrêtent au bord de ses lèvres.

Son visage se rembrunit, et il grogne :

— Rien.

Ève le regarde d'un air interrogateur. Il hausse les épaules. Puis il dit soudain, en s'arrêtant :

— Tenez... regardez ces deux-là.

Une luxueuse voiture, pilotée par un chauffeur en livrée, vient de s'immobiliser au bord du trottoir.

Une jeune femme, très jolie, très élégante, en descend, suivie d'un caniche qu'elle tient en laisse. Cette jeune femme fait quelques pas.

Sur le même trottoir, venant au-devant d'elle,

s'avance un ouvrier d'une trentaine d'années. Il porte un tuyau de fonte sur l'épaule.

— Elle, constate Pierre, c'est à peu près votre genre, en moins bien. Lui, c'est un type comme moi, en moins bien aussi...

Pendant qu'il parle, la jolie femme et l'ouvrier se croisent.

— ... Ils se rencontrent, poursuit Pierre...

La passante élégante et l'ouvrier s'éloignent, chacun de son côté.

Pierre se tourne vers Ève, et conclut simplement :

— Et voilà... Ils ne se sont même pas regardés.

En silence, ils reprennent leur promenade.

UN ÉTABLISSEMENT MONDAIN DANS LE PARC

Un établissement très chic, sorte de laiterie mondaine, immense terrasse, des tables et des chaises en rotin clair, une pergola blanche et une piste pour les danseurs. Quelques tables sont occupées par des consommateurs très élégants.

La jeune femme qui vient de descendre de la voiture rejoint ses amis.

Deux chevaux de selle sont attachés à une barrière. Une amazone descend de cheval, aidée par un lad.

Pierre et Ève, poursuivant leur promenade silencieuse, arrivent devant l'établissement. Pierre propose à sa compagne :

— Allons nous asseoir.

Ils se dirigent vers la laiterie au moment où l'élégante amazone passe juste devant eux, et Pierre, la suivant du regard, déclare :

— Je n'ai jamais compris qu'on se déguise pour monter à cheval.

Ève approuve, gaiement :

— C'est ce que je lui ai dit souvent.

Et elle ajoute, à l'adresse de l'amazone :

— N'est-ce pas, Madeleine ?

Pierre, confus, balbutie :

— Oh ! vous la connaissiez ? Je vous demande pardon...

— C'est une des relations de mon mari, précise Ève en riant.

Madeleine s'est approchée d'un groupe de trois personnages, deux hommes et une femme. Les deux hommes se lèvent et baisent cérémonieusement la main de la nouvelle arrivée. Ils sont en tenue de cheval très chic : melon clair, veston cintré, cravate blanche. L'un des cavaliers offre galamment un siège à l'amazone :

— Asseyez-vous, chère amie.

La jeune femme s'assied, pose son melon sur la table, ébouriffe ses cheveux et dit d'une voix mondaine :

— Le bois était un pur charme, ce matin.

Pierre a suivi la scène. Il s'informe :

— On vous baisait aussi la main, à vous ?

— Quelquefois.

Alors, Pierre l'invite à s'asseoir, sans toucher la chaise, en imitant les gestes et la voix du cavalier :

— Asseyez-vous, chère amie.

Ève entre dans le jeu, s'assied et tend sa main à baiser, avec une grâce affectée.

Après une petite hésitation, Pierre saisit la main offerte et la baise, assez gauchement, mais gentiment tout de même. Puis il s'assied à côté d'Ève en déclarant d'une voix naturelle :

— Il faudra que je travaille sérieusement.

Ève répond, en imitant la voix de l'amazone et en minaudant comme elle :

— Du tout, du tout, cher ami, vous avez des dispositions.

Mais Pierre ne relève pas la plaisanterie. Il regarde du côté des cavaliers d'un air sombre. Puis ses yeux se perdent dans le vide et il reste songeur.

Ève l'observe un moment ; enfin, elle dit, pour dire quelque chose :

— Il vous plaît, cet endroit ?

— Oui... mais pas les gens qui y viennent.

— J'y venais souvent.

— Je ne dis pas ça pour vous, répond-il, toujours soucieux.

Un nouveau silence s'établit entre eux.

— Vous n'êtes pas bavard, reproche-t-elle enfin.

Pierre se tourne vers elle :

— C'est vrai, dit-il... Pourtant, écoutez...

Mais il semble un peu égaré.

Il la regarde avec une grande tendresse.

— Je voudrais vous dire des tas de choses, mais je me sens vidé dès que je commence à parler. Tout fiche le camp. Tenez, je vous trouve belle, par exemple ; eh bien, ça ne me fait pas vraiment plaisir. C'est comme si je regrettais quelque chose...

Ève lui sourit avec une douceur triste.

Elle va sans doute parler, mais deux voix joyeuses, très proches, l'en empêchent.

Ce sont celles d'un jeune homme et d'une jeune fille qui hésitent devant une table libre.

Le jeune homme interroge :

— Là ?

— Comme vous voudrez.

— Face à face, ou à côté de moi ?

La jeune fille, après une légère hésitation, décide en rougissant :

— A côté de vous...

Ils prennent place à la table même qu'occupent Pierre et Ève.

Alors que la jeune fille hésitait dans le choix de sa place, Pierre a fait le geste machinal de se lever pour céder la sienne...

Cependant, une serveuse s'approche et le jeune homme commande :

— Deux portos flips.

Ève observe les deux jeunes gens et dit :

— Elle est jolie.

Pierre, sans quitter des yeux sa compagne, sourit et approuve :

— Très jolie.

Mais on sent que c'est à Ève qu'il pense. Elle s'en est aperçue et se trouble un peu.

La jeune fille demande :

— A quoi pensez-vous ?

— Je pense, répond le jeune homme, qu'on habite depuis vingt ans la même ville et qu'on a failli ne pas se connaître.

— Si Marie n'avait pas été invitée chez Lucienne...

— ... On ne se serait peut-être jamais rencontrés.

Et, d'une seule voix, ils s'exclament :

— On l'a échappé belle !

La serveuse a posé deux verres devant eux. Ils s'en saisissent et trinquent gravement, les yeux dans les yeux.

Tandis que les verres se choquent, les voix des jeunes gens s'assourdissent, et ce sont les voix de Pierre et d'Ève qui prononcent :

— A votre santé.

— A votre santé !...

Les voix un instant étouffées des deux jeunes gens se font plus distinctes. C'est elle qui reproche :

— Ce jour-là, vous n'aviez pas l'air de faire attention à moi...

— Moi ? proteste le jeune homme indigné. Dès que je vous ai vue, j'ai pensé : elle est faite pour moi. Je l'ai pensé et je l'ai senti dans mon corps...

Pierre et Ève se regardent, écoutent, sans bouger, et l'on sent qu'ils voudraient que les paroles des jeunes gens soient les leurs. Leurs lèvres ont parfois des mouvements nerveux comme s'ils allaient parler.

Le jeune homme poursuit :

— Je me sens plus fort et plus solide qu'avant, Jeanne. Aujourd'hui, je soulèverais des montagnes.

Le visage de Pierre s'anime et il regarde Ève comme s'il la désirait.

78

Le jeune homme tend la main à son amie qui lui donne la sienne.

Pierre a pris la main d'Ève.

— Je vous aime, murmure le jeune homme.

Les deux jeunes gens s'embrassent.

Ève et Pierre se regardent, profondément troublés. Il entr'ouvre la bouche, comme s'il allait dire : « Je vous aime... »

Le visage d'Ève se rapproche du sien. On a un moment l'impression qu'ils vont s'embrasser.

Mais Ève se reprend. Elle s'écarte de Pierre et se lève, sans toutefois lâcher sa main.

— Venez danser, dit-elle.

Pierre la regarde, étonné :

— Je danse très mal, vous savez...

— Ça ne fait rien, venez.

Pierre se lève, hésitant encore :

— Tout le monde va nous regarder...

Cette fois, Ève rit franchement :

— Mais non, voyons. Personne.

A son tour, il rit de sa bévue et enlace la jeune femme avec un peu de timidité.

Ils gagnent la piste passant entre les tables.

Ils sont bientôt seuls sur la piste, et Pierre entraîne sa compagne avec plus d'assurance.

— Qu'est-ce que vous racontiez ? remarque Ève, vous dansez très bien.

— C'est bien la première fois que l'on me dit ça.

— C'est moi qu'il vous fallait pour danseuse.

— Je commence à le croire...

Ils se regardent et dansent un moment en silence.

— Dites-moi, interroge Pierre tout à coup,

qu'est-ce qui se passe? Je ne pensais qu'à mes ennuis tout à l'heure, et maintenant, je suis là... Je danse et je ne vois que votre sourire... Si c'était ça, la mort...

— Ça?

— Oui. Danser avec vous, toujours, ne voir que vous, oublier tout le reste...

— Eh bien?

— La mort vaudrait mieux que la vie. Vous ne trouvez pas?

— Serrez-moi fort, souffle-t-elle.

Leurs visages sont tout proches l'un de l'autre. Ils dansent encore un instant, et elle répète:

— Serrez-moi plus fort...

Brusquement, le visage de Pierre s'attriste. Il s'arrête de danser, s'éloigne un peu d'Ève et murmure:

— C'est une comédie. Je n'ai même pas effleuré votre taille...

Ève comprend à son tour:

— C'est vrai, dit-elle lentement, nous dansons chacun tout seul...

Ils demeurent debout l'un en face de l'autre.

Puis, Pierre avance ses mains comme pour les poser sur les épaules de la jeune femme, puis il les ramène vers lui avec une sorte de dépit:

— Mon Dieu, dit-il, ce serait si doux de toucher vos épaules. J'aimerais tant respirer votre souffle quand vous me souriez. Mais ça aussi, je l'ai manqué. Je vous ai rencontrée trop tard...

Ève pose sa main sur l'épaule de Pierre.

Elle le regarde de tous ses yeux:

— Je donnerais mon âme pour revivre un instant et danser avec vous.

— Votre âme?

— C'est tout ce qui nous reste.

Pierre se rapproche de sa compagne et l'enlace à nouveau. Ils se remettent à danser très doucement, joue contre joue, en fermant les yeux.

Soudain Pierre et Ève quittent la piste de danse et s'éloignent dans la rue Laguénésie dont le décor s'est brusquement dressé autour d'eux, tandis que la laiterie s'efface lentement.

Pierre et Ève dansent toujours sans s'apercevoir de ce qui s'est passé. Ils sont maintenant absolument seuls, dans cette impasse dont on aperçoit au fond l'unique boutique...

Enfin, dans un lent mouvement, le couple cesse de danser. Ils ouvrent les yeux, s'immobilisent.

Ève s'écarte un peu et dit :

— Il faut que je vous quitte. On m'attend.

— Moi aussi.

A cet instant seulement, ils regardent autour d'eux et reconnaissent l'impasse Laguénésie.

Pierre dresse la tête, comme s'il entendait un appel et dit :

— C'est nous deux qu'on attend...

Ensemble, ils se dirigent vers la sombre boutique; la musique de danse s'estompe et l'on entend résonner le tintement de la clochette d'entrée.

La vieille dame est assise à son pupitre, les coudes posés sur son grand registre fermé, le menton appuyé sur ses mains jointes.

Le chat est installé sur le registre comme à son habitude.

Ève et Pierre s'approchent timidement de la vieille dame. Celle-ci se redresse :

— Ah! vous voilà... Vous êtes en retard de cinq minutes.

— Nous ne nous sommes pas trompés? demande Pierre. Vous nous attendiez?

La vieille dame ouvre le gros livre à une page marquée d'un signe et commence à lire d'une voix de greffier, froide et sans timbre :

— Article 140 : si, par suite d'une erreur imputable à la seule direction, un homme et une femme qui étaient destinés l'un à l'autre ne se sont pas rencontrés de leur vivant, ils pourront demander et obtenir l'autorisation de retourner sur terre sous certaines conditions, pour y réaliser l'amour et y vivre la vie commune dont ils ont été indûment frustrés.

Ayant terminé sa lecture, elle relève la tête, et regarde à travers son face-à-main le couple ahuri.

— C'est bien pour ça que vous êtes ici?

Pierre et Ève s'entre-regardent, et sous leur ahurissement perce une grande joie.

— C'est-à-dire... fait Pierre.

— Désirez-vous retourner sur terre?

— Mon Dieu, Madame... dit Ève.

La vieille dame insiste avec un léger agacement :

— Je vous pose une question précise, fait-elle avec impatience, répondez.

Pierre lance à sa compagne un nouveau regard, joyeusement interrogatif.

De la tête, Ève fait : « Oui... »

Alors il se retourne vers la vieille dame et déclare :

— Nous le désirons, Madame. Si c'est possible, nous le désirons.

— C'est possible, Monsieur, assure la vieille dame. Cela complique énormément le service, ajoute-t-elle, mais c'est possible.

Pierre saisit brusquement le bras d'Ève. Mais il le lâche bien vite et son visage redevient sérieux sous le regard sévère que lui lance la vieille dame.

Comme un officier d'état civil, elle interroge Pierre :

— Vous prétendez être fait pour Madame ?

— Oui, dit-il timidement.

— Madame Charlier, vous prétendez être faite pour Monsieur ?

Rougissante comme une jeune mariée, Ève murmure :

— Oui...

La vieille dame se penche alors sur son registre, tourne les pages et marmonne :

— Camus... Cera... Chalot... Charlier... Bon. Da... di, di... do... Dumaine... Bon, bon, bon. C'est parfait. Vous étiez authentiquement destinés l'un à l'autre. Mais il y a eu erreur au service des naissances.

Ève et Pierre se sourient, heureux et confus, et leurs mains se serrent furtivement.

Ève est un peu étonnée. Pierre, un peu fat.

La vieille dame se renverse en arrière et les examine attentivement, et les regarde à travers son face-à-main :

— Beau couple ! fait-elle.

Cependant, la vieille dame se penche à nouveau sur le livre dans lequel elle a lu le fameux article 140. Mais cette fois, c'est pour résumer :

— Voici les conditions auxquelles vous devez satisfaire. Vous reviendrez à la vie. Vous n'oublierez rien de ce que vous avez appris ici. Si, au bout de vingt-quatre heures, vous avez réussi à vous aimer en toute confiance et de toutes vos forces, vous aurez droit à une existence humaine entière.

Puis elle désigne sur son bureau un réveille-matin :

— ... Si dans vingt-quatre heures, c'est-à-dire demain à 10 h 30, vous n'y êtes pas parvenus...

Pierre et Ève fixent avec angoisse le réveille-matin.

— ... S'il demeure entre vous la plus légère défiance... eh bien, vous reviendrez me voir et vous reprendrez votre place parmi nous. C'est entendu ?

Il y a chez Pierre et Ève un mélange de joie et de crainte qui se traduit par un acquiescement timide :

— Entendu.

Cependant, la vieille dame se lève et prononce solennellement :

— Eh bien, vous êtes unis.

Puis, changeant de ton, elle leur tend la main avec un sourire :

— Toutes mes félicitations.

— Merci, Madame, répond Pierre.

— Mes vœux vous accompagnent.

Pierre et Ève s'inclinent, puis, se tenant par la main, un peu gauches, ils se dirigent vers la porte.

— Pardon, Madame... Mais quand nous arriverons là-bas, qu'est-ce que vont penser les vivants ?

— Nous n'aurons pas l'air trop louche ? s'inquiète Ève.

La vieille dame secoue la tête, en fermant son registre :

— Ne vous inquiétez pas. Nous remettrons les choses dans l'état où elles se trouvaient à la minute même où vous êtes morts. Personne ne vous prendra pour des fantômes.

— Merci, Madame...

Ève et Pierre s'inclinent à nouveau. Puis ils sortent en se tenant toujours par la main.

LA PETITE RUE ET LA PLACE

C'est la petite rue dans laquelle, à l'issue de sa première entrevue avec la vieille dame, Pierre avait rencontré le vieillard. Au bout de la rue, on aperçoit la petite place sur laquelle se croisent vivants et morts.

A côté de la porte, assis sur une borne, le vieillard « attend le client ». Tout près de là, accroupi

85

sur le bord d'une marche, un ouvrier d'une quarantaine d'années.

Pierre et Ève sortent de chez la vieille dame et font quelques pas.

Le vieillard, qui ne les voit que de dos, ne les reconnaît pas. Il se lève vivement, avec une exquise politesse :

— Soyez les bienvenus parmi nous.

Pierre et Ève se retournent alors qu'il esquisse une révérence. Sa surprise, en reconnaissant ses anciens compagnons, laisse la révérence inachevée, et il s'exclame :

— Tiens, c'est vous ? Vous aviez une réclamation à faire ?

— Vous vous rappelez ce que je vous demandais ? dit Pierre. Si personne ne retournait jamais sur terre ? Eh bien, nous y retournons.

En parlant, il a pris Ève par le bras.

Derrière eux, l'ouvrier a dressé la tête. Il se lève et s'approche du groupe, mais avec un visage intéressé et plein d'espoir.

— C'est une faveur spéciale ? questionne le vieillard.

— C'est l'article 140, explique Ève. Nous étions faits l'un pour l'autre.

— Je vous félicite sincèrement, déclare le vieillard. J'allais me proposer comme guide, mais dans ce cas...

Il émet un petit rire complice :

— Vous vous passerez de moi... Madame.

Pierre et Ève, amusés, lui font, de la main, un petit adieu aimable, se retournent et, trouvent devant eux l'ouvrier qui leur dit, avec un grand espoir, mais beaucoup de timidité :

— Je vous demande pardon, Messieurs Dames... C'est vrai ce que vous dites? Vous retournez?

— Mais oui, mon gars, fait Pierre. Pourquoi?

— Je vous aurais demandé un service...

— Dis toujours.

— Ben, voilà... Je suis mort il y a dix-huit mois. Ma femme a pris un amant. Ça, je m'en fous... Mais c'est pour ma petite fille. Elle a huit ans. Le type ne l'aime pas. Si vous pouviez aller la chercher pour la mettre ailleurs...

— Il la bat? demande Ève.

— Tous les jours, répond l'autre. Et tous les jours je vois ça sans pouvoir l'empêcher... Ma femme le laisse faire. Elle l'a dans la peau, vous comprenez...

Pierre lui donne une tape amicale sur l'épaule :

— On s'en occupera, de ta gosse.

— C'est vrai de vrai?... Vous voulez bien?

— C'est promis, assure Ève à son tour. Où habitez-vous?

— 13, rue Stanislas. Mon nom, c'est Astruc... Vous n'oublierez pas?

— C'est promis, affirme Pierre. J'habite tout près. Et maintenant, laisse-nous, mon vieux...

L'ouvrier, très ému, recule gauchement en murmurant :

— Merci bien, Messieurs Dames... merci bien... et bonne chance.

Il s'éloigne de quelques pas, se retourne, et regarde encore une fois Ève et Pierre avec une expression d'espoir et d'envie...

Pierre entoure sa compagne de ses bras.

Ils sont rayonnants.

— Comment vous appelez-vous? demande Pierre.

— Ève. Et vous?

— Pierre.

Puis il se penche sur son visage et l'embrasse.

Brusquement les lumières s'éteignent et Ève et Pierre ne sont plus que deux silhouettes qui, à leur tour, disparaissent complètement.

Il ne reste plus au milieu de la rue que l'ouvrier qui agite sa casquette et crie de toutes ses forces :

— Bonne chance!... Bonne chance!...

LA ROUTE DE BANLIEUE

Sur la route de banlieue, la roue de bicyclette de Pierre continue lentement à tourner.

Pierre est allongé sur le sol, entouré des ouvriers.

Soudain Pierre bouge et relève la tête.

Le chef milicien hurle :

— Dégagez la chaussée!

Pierre est tiré de sa torpeur par ce commandement. Il regarde et entend un des ouvriers qui crie :

— A bas la milice!

Deux miliciens en tête du détachement lèvent leurs mitraillettes sur un signe de leur chef qui crie :

— Une dernière fois je vous ordonne de dégager la chaussée!

Pierre prend brusquement conscience du danger, se relève et ordonne à ses camarades :

— Hé là ! hé là ! pas de bêtises !

Quelques hommes s'empressent autour de Pierre, le soutiennent, tandis que les autres continuent de faire face aux miliciens avec des briques et des pelles dans les mains.

Pierre insiste avec colère :

— Dégagez, nom de Dieu... Vous voyez bien qu'ils vont tirer.

Hésitants, les ouvriers dégagent la route.

Les briques tombent des mains. Les mitraillettes s'abaissent. Un ouvrier ramasse la bicyclette de Pierre.

Alors, le chef milicien se tourne vers ses hommes et ordonne :

— En avant, marche !

Le détachement passe, s'éloigne, au rythme lourd de sa marche qui s'assourdit progressivement...

LA CHAMBRE D'ÈVE

Dans la chambre d'Ève, la main d'André remonte la couverture de fourrure sur le corps de sa femme.

André se redresse lentement, avec son expression savamment composée de bon mari éploré, lorsque brusquement son visage change, blêmit et son regard se fixe sur la tête du lit.

Ève vient de bouger légèrement. Puis elle ouvre les yeux, regarde son mari qui la contemple, comme fasciné.

Agenouillée contre le lit, le visage enfoui dans la couverture, Lucette sanglote. Elle tient la main d'Ève. Ève ne jette sur Lucette qu'un rapide coup d'œil. Elle relève les yeux sur son mari. Et ses lèvres esquissent une espèce de sourire effrayant qui signifie : « Tu vois, je ne suis pas morte... »

LA ROUTE DE BANLIEUE

En bordure de la route, Pierre est debout, appuyé sur Paulo. Quelques ouvriers l'entourent. Ils regardent s'éloigner les miliciens dont on entend décroître le pas.

Enfin, avec un gros soupir de soulagement, Paulo se tourne vers Pierre :

— Tu m'as fait peur, vieille noix... J'ai bien cru qu'ils t'avaient eu.

Tous les hommes présents ressentent non pas de la stupeur, mais une sorte de malaise...

Cela provient du danger qu'ils viennent de courir, mais aussi de la rapide résurrection de Pierre.

Celui-ci montre sa manche trouée à hauteur de l'épaule.

— C'était moins cinq, constate-t-il. Le coup de pétard m'a fait sursauter. Je me suis cassé la figure.

Il sourit. Son visage déborde d'une sorte de

ravissement incrédule qui augmente le malaise éprouvé par ses camarades. Paulo hoche la tête :

— Mon vieux, j'aurais juré...

— Moi aussi, réplique Pierre.

— Tu veux qu'on t'aide ? propose un ouvrier.

— Non, non, ça va très bien.

Pierre risque quelques pas et Paulo le suit.

Autour d'eux, les derniers ouvriers se dispersent en silence, sauf celui qui a ramassé la bicyclette.

Pierre se dirige vers lui, tandis que Paulo lance un regard haineux dans la direction prise par les miliciens ; il jette âprement :

— Ces fumiers-là ! Ils crâneront moins demain.

Pierre s'est arrêté au milieu de la route et regarde par terre. Il répond, l'air absent :

— Demain ? rien du tout.

— Qu'est-ce que tu dis ? s'étonne Paulo.

Pierre s'est baissé pour ramasser précautionneusement une brique abandonnée. En même temps, il réplique :

— T'occupe pas.

Maintenant, il soupèse la brique, la fait sauter d'une main dans l'autre et constate en souriant :

— Ça pèse, ça gratte...

Paulo et l'autre ouvrier échangent un regard inquiet.

Cependant, Pierre examine rapidement le décor qui l'entoure, et son visage s'éclaire : il vient d'apercevoir une vieille cabane démantibulée, dont un seul carreau est encore intact. Il lance sa brique à toute volée et brise la dernière vitre.

Alors, en se tournant vers ses camarades :

— Ouf ! ça soulage.

91

Après quoi, il enfourche sa bicyclette et dit à Paulo :

— Six heures, chez Dixonne. Ça tient toujours.

Paulo et l'ouvrier ont le même sentiment : Pierre n'est pas dans son assiette. Ils échangent un regard et Paulo s'informe :

— Pierre, ça va bien ? Tu ne veux pas que j'aille avec toi ?

— T'en fais pas, je ne crains rien.

Puis il appuie sur les pédales et s'éloigne.

— Tu ne devrais pas le lâcher, conseille l'ouvrier à Paulo. Il a l'air sonné...

La décision de Paulo est prompte :

— Je prends ton vélo, dit-il brièvement.

Il va s'emparer d'une bicyclette posée sur le bas-côté de la route, l'enfourche et s'élance sur les traces de Pierre.

LA CHAMBRE D'ÈVE

Lucette est toujours effondrée sur le lit et serre la main de sa sœur.

Soudain la main bouge...

Lucette se redresse, regarde Ève avec stupéfaction et lance dans un cri :

— Ève, ma chérie, Ève...

Elle se jette dans les bras de sa sœur et l'étreint en sanglotant.

Ève la serre contre elle avec un geste plein de tendresse protectrice, mais son regard demeure fixé sur son mari...

Lucette balbutie à travers ses larmes :

— Ève... tu m'as fait si peur... J'ai cru...

Ève l'interrompt doucement :

— Je sais...

André toujours immobile, fasciné, se détourne et dit en s'en allant vers la porte :

— Je vais chercher le médecin...

— C'est tout à fait inutile, André, fait Ève.

André, qui a déjà atteint la porte, se retourne et dit, gêné :

— Mais si, voyons, mais si...

Il sort rapidement en tirant la porte derrière lui.

André parti, Ève se redresse à demi et demande à sa sœur :

— Donne-moi une glace, veux-tu ?

Lucette la regarde interdite.

— Tu...

— Oui, mon miroir, sur la coiffeuse.

Dans le vestibule, André se dirige vers la sortie de l'appartement.

Il jette par-dessus son épaule un regard inquiet...

Il prend machinalement son chapeau et une canne, rejette celle-ci avec humeur et sort.

Lucette, penchée vers Ève, lui tend le miroir demandé.

La main d'Ève s'en empare, contemple avidement son image, et murmure :

— Je me vois...

— Qu'est-ce que tu dis ? demande Lucette.

— Rien, réplique Ève.

Lucette s'est assise sur le bord du lit et regarde sa sœur avec une sorte d'inquiétude.

Ève repose le miroir sur sa couche, prend la main de sa jeune sœur et, le visage devenu sérieux, elle interroge tendrement :

— Lucette, qu'est-ce qu'il y a entre André et toi ?

Lucette ouvre de grands yeux étonnés.

Elle est un peu gênée, mais sincère.

— Mais il n'y a rien. Qu'est-ce que tu veux qu'il y ait ? Je l'aime beaucoup.

Ève caresse les cheveux de Lucette et lui parle affectueusement :

— Est-ce que tu sais qu'il m'a épousée pour ma dot ?

Lucette proteste, indignée :

— Ève !

— Il me hait, Lucette.

— Ève, il t'a veillée tous les soirs quand tu étais malade, répond Lucette en s'écartant de sa sœur.

— Il m'a trompée vingt fois. Ouvre son secrétaire, tu y trouveras des lettres de femmes, par paquets.

Lucette se relève brusquement. Elle est indignée et incrédule.

— Ève, jette-t-elle, tu n'as pas le droit...

— Va voir dans son secrétaire, conseille Ève calmement.

En même temps, elle rejette la couverture et se lève, tandis que Lucette recule comme si sa sœur lui faisait peur.

La jeune fille, l'air buté, un peu sournois même, lance farouchement :

— Je ne fouillerai pas dans les papiers d'André. Je ne te crois pas, Ève. Je connais mieux André que toi.

94

Ève saisit sa sœur aux épaules, la regarde un instant, et constate, sans violence mais avec une tendresse sévère, et une légère ironie :

— Tu le connais mieux que moi ? Tu en es déjà à le connaître mieux que moi ? Eh bien, écoute : sais-tu ce qu'il a fait ?

— Je ne t'écoute plus, je ne veux plus t'écouter. Tu as la fièvre ou tu veux me faire mal.

— Lucette...

— Tais-toi !

Presque brutalement, Lucette s'arrache à l'étreinte de sa sœur et se sauve en courant.

Ève laisse retomber ses bras et la regarde s'enfuir.

L'IMMEUBLE DES CHARLIER

Pierre fait quelques pas hésitants, puis s'arrête devant la porte de l'immeuble très chic où demeure Ève Charlier.

Il lève la tête, vérifie le numéro et se dispose à entrer quand deux officiers miliciens sortent de la maison.

Pierre prend aussitôt un air détaché et attend qu'ils se soient éloignés pour franchir le seuil.

Au même instant Paulo, à bicyclette, vient de s'arrêter au bord du trottoir, un peu plus loin.

Stupéfait, il regarde Pierre pénétrer dans le somptueux immeuble...

LE HALL DE L'IMMEUBLE

Pierre traverse lentement le hall désert, s'approche de la loge du concierge que l'on aperçoit à travers la porte vitrée.

L'homme est en livrée, impeccable et très rouge. Pierre entr'ouvre la porte pour s'informer :

— Madame Charlier ?

— Troisième à gauche, indique l'autre sèchement.

— Merci.

Il tire la porte et se dirige vers le grand escalier.

Mais le concierge qui le suit d'un regard soupçonneux rouvre la porte et ordonne brutalement :

— L'escalier de service, c'est à droite.

Pierre se retourne brusquement, ouvre la bouche d'un air furieux, puis hausse les épaules et prend sur le côté une porte sur laquelle une plaque indique : Service.

LA CHAMBRE D'ÈVE ET LE SALON

Ève, qui vient de finir de s'habiller, retourne devant sa coiffeuse. Elle fait un dernier raccord. Elle est nerveuse et pressée...

Ève porte un tailleur sobre mais très chic.

Un manteau de fourrure est posé sur le dossier d'un fauteuil.

On frappe à la porte.

Ève se retourne vivement.

— Entrez.

La femme de chambre se montre et annonce :

— Madame, il y a une espèce de type qui veut parler à Madame. Il dit qu'il vient de la part de Pierre Dumaine.

A ce nom, Ève tressaille.

Cependant, elle parvient à se maîtriser et s'informe :

— Où est-il?

— Je l'ai laissé à la cuisine.

— Faites-le entrer au salon, voyons.

— Bien, Madame.

Demeurée seule, Ève cache subitement son visage dans ses mains et se recueille, un peu chancelante, comme si tout tournait autour d'elle. Puis elle écarte ses mains et prend d'un air décidé sa houppette à poudre.

Dans le salon voisin, Pierre vient d'être introduit par la bonne qui le quitte aussitôt.

Pierre regarde autour de lui, très intimidé par tout ce luxe qui l'entoure.

Tout à coup, la porte s'ouvre.

Ève paraît et s'arrête sur le seuil, très émue.

Pierre se retourne, ému lui aussi, et surtout très gêné. Il rit, un peu bêtement, et ne peut que dire :

— Eh bien, me voilà...

Ils sont tous les deux très embarrassés, ils se regardent en riant d'un air gêné, avec cette nuance que lui se sent dans un terrible état d'infériorité et qu'elle, au contraire, est très émue.

A son tour, elle rit nerveusement :

— Oui... vous voilà...

Puis, se rapprochant lentement de lui, elle ajoute :

— Il ne fallait pas monter par l'escalier de service.

Écarlate, Pierre balbutie :

— Oh! je... c'est sans importance...

Subitement la porte du salon s'ouvre, et Lucette entre vivement ! Ce n'est que lorsqu'elle a refermé la porte qu'elle aperçoit Pierre.

— Oh! pardon... fait-elle.

Pierre et Ève sont très près l'un de l'autre.

Lucette reste un instant étonnée puis se reprend et se dirige vers une autre porte en décrivant un cercle.

Ève prend Pierre par le bras et lui dit doucement :

— Venez...

Lucette n'a pu s'empêcher de se retourner et assiste, stupéfaite, à leur sortie.

A son tour, choquée, elle sort en claquant la porte.

Pierre a fait quelques pas dans la chambre d'Ève, avant de faire face à la jeune femme qui vient vers lui.

Immobile, elle l'examine longuement, avec une sorte d'étonnement.

— C'est vous... murmure-t-elle.

— Ben oui... fait-il bêtement, c'est moi.

Il essaie de mettre ses mains dans ses poches, puis les retire presque aussitôt.

— Asseyez-vous, fait Ève.

Pierre se détourne, regarde le fauteuil offert, fait un pas vers lui, puis déclare :

— J'aime mieux rester debout.

Il se met à marcher de long en large en regardant autour de lui.

— Vous habitez ici?

— Mais oui.

Pierre hoche la tête avec amertume.

— C'est beau, chez vous...

Ève s'est assise au pied du lit et le regarde toujours. Pierre revient au fauteuil et s'assied.

Il se tient raide, les pieds ramenés sous le siège, le regard absent.

Alors, brusquement, Ève se met à rire nerveusement.

Il la considère, étonné, blessé déjà. Ève ne peut plus se retenir:

— Pourquoi riez-vous?

Elle parvient enfin à maîtriser son rire au bord des larmes:

— Parce que vous avez l'air en visite.

Pierre ne se vexe pas et dit avec un geste de découragement:

— C'était plus facile là-bas...

Il se lève, fait quelques pas, les mains derrière le dos, de plus en plus gêné et agacé par tout ce qui l'entoure.

Ève, le visage tendu, le regarde maintenant aller et venir, sans un mot.

Pierre passe d'abord devant la coiffeuse surchargée de flacons, de brosses et d'objets de luxe. Puis il s'immobilise devant une vitrine où sont disposés des bibelots de prix: statuettes chinoises, jades précieux, bijoux anciens délicatement ciselés.

Il contemple tout cela avec un très léger sourire de dérision et de tristesse.

En même temps, il dit entre ses dents, comme pour lui-même :

— Oui, oui, oui...

Puis, sans se retourner, décidé, il déclare :

— Ève... il faut venir chez moi.

Elle questionne, avec une certaine angoisse :

— Où ?

— Chez moi, répète-t-il simplement.

— Je quitterai certainement cette maison, Pierre. Je vous suivrai où vous voudrez, mais pas tout de suite.

Il revient vers le pied du lit, et dit, le visage sombre :

— Je m'en doutais... L'amour, c'était très joli chez les morts. Ici, il y a tout ça...

Du bout des doigts, il effleure le manteau de fourrure posé sur le pied du lit.

— Tout ça ? répète Ève.

Il a un mouvement de tête qui désigne la pièce.

— Les fourrures, les tapis, les bibelots...

Ève comprend et pose sa main sur celle de Pierre.

— C'est ça, votre confiance en moi ? Ce n'est pas *tout ça* qui me retient, Pierre. C'est pour ma sœur que je reste ici. Il faut que je la défende.

— Comme vous voudrez.

Déjà, il fait deux pas pour s'en aller.

Ève se dresse vivement :

— Pierre !

Il s'arrête, tandis qu'Ève le rejoint, pose une main sur son bras et murmure :

100

— Vous êtes injuste...

Mais Pierre garde un visage fermé. Ève se rapproche à nouveau, lui prend l'autre bras.

— Ne nous disputons pas, Pierre. Nous n'avons pas le temps.

Mais voici que la porte s'ouvre et André entre, son chapeau à la main.

Lucette, qui l'a manifestement informé de la stupéfiante attitude de sa sœur, se montre derrière lui, mais reste dans le salon. Pierre et Ève se tournent sans hâte vers la porte.

André, pour meubler le silence, dit machinalement :

— Le médecin vient dans cinq minutes...

Ève tient toujours le bras de Pierre. Elle sourit ironiquement.

— Mon pauvre André, je m'excuse. Non seulement je ne suis pas morte, mais je me sens tout à fait bien.

André accuse le coup, puis sourit à son tour :

— C'est ce que je vois.

Il avance dans la chambre, pose son chapeau sur un fauteuil et dit d'un air faussement désinvolte :

— Tu ne me présentes pas ?

— C'est tout à fait inutile.

André se tourne alors vers Pierre qu'il toise avec une surprise insolente.

— Note que je n'y tiens pas, dit-il. Tu choisis si drôlement tes relations.

Pierre, l'air menaçant, fait un pas vers André, mais Ève le retient :

— Non, Pierre...

Lucette est entrée au moment du geste de Pierre. Elle demeure encore un peu à l'écart, mais nettement du côté d'André.

Cependant, André, les mains dans les poches de son veston, ricane :

— Tu l'appelles déjà Pierre? Est-ce que tu le tutoies?

— Pense ce que tu voudras, André, mais je t'interdis devant Lucette...

— Tu choisis mal ton moment pour me donner des ordres. Tu es libre d'aller chercher tes... tes amis dans les faubourgs, mais je t'interdis, moi, de les recevoir sous mon toit, et surtout devant Lucette.

Ève, encore une fois, retient Pierre qui allait bondir, et continue doucement :

— Tu es tout à fait ignoble, André.

Pierre parvient à se dégager d'Ève et marche calmement sur André qui, malgré ses airs bravaches, recule d'un pas; il le rejoint et l'empoigne par le revers de son veston, comme s'il allait le frapper.

Lucette pousse un cri en s'agrippant au bras de son beau-frère :

— André!

Celui-ci se dégage, en frappant sur la main de Pierre, qui demeure planté devant lui. Sur son visage contracté, André réussit à accrocher un sourire grinçant :

— Dans notre milieu, Monsieur, on ne se bat pas avec n'importe qui...

— Dites que vous avez peur, fait Pierre.

D'un mouvement rapide, il le ressaisit par le

102

revers et le secoue violemment. Une nouvelle fois, Ève doit s'interposer :

— Pierre, je vous en prie...

Pierre, à regret, lâche André qui recule avec Lucette toujours accrochée à lui.

Alors, Ève tend la main vers sa sœur et l'entraîne :

— Viens, Lucette...

Mais Lucette se serre plus fort contre André, et recule en criant :

— Ne me touche pas.

Ève s'arrête net ; son bras retombe sans force.

— C'est bon...

Puis, le visage durci, elle se tourne vers Pierre :

— Vous vouliez que je parte avec vous ? dit-elle. Eh bien, emmenez-moi, je n'ai plus rien à faire ici.

D'un mouvement vif, elle attrape au vol son manteau, son sac, et revient vers Pierre dont elle prend le bras, en jetant un dernier regard à Lucette qui se cache derrière André.

Celui-ci passe autour des épaules de la jeune fille un bras protecteur, et dit d'un air ironique et triomphant :

— Excellent exemple pour ta sœur.

Ève entraîne Pierre et ils sortent...

A une vingtaine de mètres de l'immeuble, adossé à un arbre, Paulo fume une cigarette en surveillant l'entrée de la maison. Près de lui, sa bicyclette est appuyée à un arbre.

Tout à coup, Paulo se redresse et regarde; puis il contourne l'arbre derrière lequel il se dissimule.

Ève et Pierre viennent de sortir de la maison et s'éloignent à grands pas...

Paulo les suit du regard un moment, puis, sans précipitation, il prend sa bicyclette à la main et se met à suivre le couple.

Aux côtés de Pierre, Ève marche d'un pas résolu, mais le visage triste. Elle prend le bras de Pierre, sans le regarder.

Pierre l'observe en silence et voit des larmes dans ses yeux.

Il lui prend la main, la serre et dit doucement :

— Ève, ne soyez pas triste...

Ces simples mots font jaillir les larmes d'Ève.

Elle cesse de marcher et pleure, le visage dans ses mains.

Pierre la serre contre lui :

— Ève!...

Elle a une brève crise de larmes contre son épaule, et Pierre, très ému, caresse ses cheveux.

— Vous pensez à votre sœur? demande-t-il. Et comme elle ne répond pas, il insiste :

— Voulez-vous retourner la chercher?

104

Elle fait « non » de la tête. Pierre se décide à poser la question :

— Vous êtes sûre que vous ne regrettez rien ?

Elle relève la tête et le regarde, les yeux pleins de larmes.

Elle s'efforce de sourire et dit tendrement :

— Comment aurais-je des regrets, Pierre ? Tout ne fait que commencer entre nous...

Elle reprend son bras et l'entraîne.

Ils se remettent à marcher. Ève s'appuie contre Pierre qui regarde obstinément devant lui. Soudain, la voix dure, il interroge :

— Vous avez aimé cet homme ?

— Jamais, Pierre.

— Vous l'avez tout de même épousé.

— Je l'admirais...

— Lui ?

— J'étais plus jeune que ma sœur, explique-t-elle très simplement.

Pierre se détend un peu, mais il ajoute d'un air préoccupé :

— Ève, ce sera dur...

— Quoi donc ?

— Nous deux, ce sera dur.

Elle le force à s'arrêter, et c'est elle, cette fois, qui lui prend le bras.

— Non, Pierre, dit-elle. Pas si nous avons confiance, comme avant.

Il détourne la tête. Mais Ève le force à la regarder.

— Avant, c'était avant, réplique-t-il.

— Pierre ! Pierre ! Il faut avoir confiance.

Elle sourit et, changeant de ton, elle ajoute :

— Il faut tout reprendre du commencement...
Venez avec moi...

Passif, il se laisse entraîner...

LE PARC

Pierre et Ève, se tenant par la main, suivent maintenant cette allée dans laquelle ils se sont rencontrés auprès de l'aveugle.

Ils entendent l'air de flûte qui se rapproche. Mais une autre rengaine remplace le vieil air que le mendiant jouait la première fois.

Ève fait preuve maintenant d'une certaine gaieté, qu'elle force peut-être un peu pour entraîner son compagnon.

— Vous entendez? demande-t-elle.

— C'est l'aveugle, répond Pierre.

— Pauvre bonhomme... Nous lui avons envié sa peau...

Elle rit, mais Pierre, lui, exprime un regret :

— Ce n'est pas le même air...

Au détour de l'allée, ils aperçoivent l'aveugle.

Ève a pris un billet dans son sac et vient se pencher sur le musicien :

— Pardon, monsieur, demande-t-elle, voudriez-vous nous jouer « Ferme tes jolis yeux ? »

L'aveugle s'est arrêté de jouer et Ève lui glisse le billet dans la main. Le vieux tâte le billet et remercie.

— Ça vous portera bonheur.

Puis, il se met à jouer l'air demandé...

Ève sourit à Pierre et lui reprend le bras.

— Maintenant, dit-elle, tout est pareil.

Ils reprennent lentement leur promenade.

Pierre, détendu, sourit à son tour et constate :

— Il joue toujours aussi faux...

— Il y a toujours du soleil.

— Et voilà de nouveau ces deux-là... ajoute Pierre.

Devant leurs yeux se renouvelle la petite scène dont ils avaient été déjà les témoins.

La voiture vient de s'immobiliser au bord de la chaussée ; la femme élégante en descend, avec son caniche. L'ouvrier la croise, portant un tuyau de fonte sur son épaule.

Comme la première fois, ils ne s'accordent pas la moindre attention, et chacun s'éloigne de son côté.

Après avoir croisé Pierre et sa compagne, l'ouvrier se retourne et regarde Ève. La jeune femme a remarqué son regard et Pierre observe :

— Ils ne se sont toujours pas vus. Tout est pareil.

Ève rectifie en souriant :

— Sauf que cette fois, il m'a regardée...

Étonné, Pierre se retourne. Tout aussitôt, confus d'avoir été surpris, l'ouvrier continue son chemin... Pierre, amusé, sourit à son tour.

— C'est vrai... dit-il. Et cette fois, je tiens votre vrai bras sous mon vrai bras.

Au fur et à mesure que Pierre et Ève progressent dans l'allée, l'air de flûte s'efface, pour faire place à la musique de danse de la laiterie.

Ils font encore quelques mètres et s'arrêtent devant la laiterie dont le décor et les personnages n'ont pas changé.

La même amazone excentrique attache son cheval à la barrière et se dirige vers le groupe de snobs qu'Ève connaît.

— Allons nous asseoir, dit Pierre.

Ève marque une légère hésitation, les yeux fixés sur ces gens qu'elle connaît.

Pierre remarque son hésitation et questionne :

— Qu'avez-vous ?

Mais déjà, Ève s'est reprise.

— Rien, assure-t-elle.

Et pour effacer cette hésitation, elle prend Pierre par la main et l'entraîne à travers les tables.

Avant qu'ils n'arrivent auprès des snobs, l'amazone excentrique rejoint ses amis et l'on entend, comme la première fois, l'un des cavaliers proposer :

— Asseyez-vous, chère amie.

Cependant que la jeune femme déclare, du même ton maniéré :

— Le bois était un pur charme, ce matin !

Lorsque Ève et Pierre passent devant le groupe assis, l'un des cavaliers esquisse le geste de se lever pour saluer Ève. Mais celle-ci passe rapidement, marquant par son attitude son désir de ne pas s'arrêter, en jetant un bref : « Bonjour ».

— Bonjour, Ève, répond la cavalière.

Au passage, d'un mouvement machinal, Pierre salue d'une légère inclination de la tête.

Le groupe élégant les suit des yeux avec étonnement.

— Qui est-ce?

— C'est Ève Charlier, voyons.

— Ève Charlier? Mais qu'est-ce qu'elle fait avec ce type?

— C'est bien ce que je voudrais savoir, répond l'amazone.

Pierre et Ève se sont approchés de la table qu'ils avaient occupée précédemment. Mais la place est prise par les deux amoureux.

Ève, arrivée auprès de ceux-ci, marque un léger temps d'arrêt, puis incline la tête vers eux avec un sourire, comme si elle s'attendait à ce que les jeunes gens les reconnaissent. Pierre fait un geste identique pour exprimer sa sympathie.

Mais les jeunes gens les regardent sans comprendre, et ne leur rendent pas leur salut...

Sans insister, Ève et Pierre reviennent sur leurs pas et vont s'asseoir à une table proche d'où ils font face aux amoureux.

De là, ils les observent avec une insistance souriante.

Les jeunes gens, interrompus dans leur colloque sentimental, sont gênés, ils essayent pourtant de renouer le fil de leur entretien.

Cependant, la serveuse s'est approchée et s'informe ·

— Vous désirez, madame?

— Un thé.

— Et pour monsieur?

Pierre hésite, se trouble :

— Euh... la même chose...

— Chine ou Ceylan? demande encore la serveuse, s'adressant toujours à Pierre.

Il la fixe d'un air ahuri.

— Pardon?

Ève intervient vivement et commande:

— Ceylan pour les deux.

Pierre regarde s'éloigner la serveuse et rit légè
rement en haussant les épaules, comme à quelque
chose de tout à fait insolite.

Ève et Pierre reportent alors leur attention sur
les jeunes amoureux.

Ces derniers se regardent dans les yeux, avec
ravissement.

Le jeune homme prend la main de la jeune fille,
la baise avec dévotion, la contemple comme s'il
s'agissait d'un pur joyau. Ils soupirent.

Pierre et Ève se sourient, avec un peu de supé-
riorité.

Pourtant, elle lui tend sa main ouverte pour
qu'il y mette la sienne.

Pierre, gentiment, la lui donne. Avec une curio-
sité émue, Ève prend cette main dans la sienne et
la regarde.

— J'aime bien vos mains.

Pierre hausse légèrement les épaules.

Ève passe lentement le bout de son doigt sur
une cicatrice:

— Qu'est-ce que c'est que ça?

— Un accident quand j'avais quatorze ans.

— Qu'est-ce que vous faisiez?

— J'étais apprenti. Et vous?

— A quatorze ans? J'allais au lycée...

Brusquement, Pierre retire sa main en avertis-
sant:

— Vos amis nous regardent.

110

Il est, en effet, visible que le petit groupe de snobs fait des gorges chaudes de l'attitude d'Ève et de Pierre. L'un des cavaliers et l'une des femmes qui les accompagnent se tiennent les mains d'un air énamouré, tandis que les autres pouffent.

Ève les regarde avec sévérité. Mécontente elle dit :

— Ce ne sont pas mes amis.

Pour marquer sa réprobation, elle reprend la main de Pierre.

Pierre sourit et, gentiment, il lui baise amoureusement les doigts.

Cependant, alors qu'il allait recommencer son geste, il sent peser sur lui le regard des jeunes amoureux. Il s'arrête, gêné et furieux.

En même temps que lui, Ève a saisi le regard des jeunes gens, et elle retire sa main.

Pierre s'étonne, mais d'un signe de tête, elle lui désigne les amoureux qui, gênés eux-mêmes, changent de place et vont s'asseoir à une autre table où l'on ne pourra les voir que de dos.

Ève remarque :

— Je les croyais plus jolis...

— Nous étions moins difficiles... réplique Pierre.

— Nous les gênons maintenant.

— Ce ne serait pas plutôt vos amis qui vous gênent ?

— Qu'est-ce que vous voulez dire ?

— Comme ça... Ils n'ont pas dû vous voir souvent avec un homme comme moi.

— Je me moque de ce qu'ils peuvent penser.

111

— Vous êtes bien sûre de ne pas avoir un petit peu honte de moi ? insiste-t-il.

— Pierre ! C'est vous qui devriez avoir honte.

Pierre a un haussement d'épaules résigné. Elle le regarde avec reproche, puis regarde les snobs et dit brusquement à Pierre en se levant :

— Venez danser.

— A cette heure ? réplique Pierre sans bouger de sa chaise. Mais personne ne danse.

— Venez, j'y tiens.

— Mais pourquoi ? demande Pierre en se levant à contrecœur.

— Parce que je suis fière de vous.

Elle l'entraîne, et ils passent à côté de la table occupée par les snobs. Ève les défie du regard, tandis que Pierre est plutôt gêné.

Les autres les regardent gagner la piste où ils se mettent à danser.

Tout à coup l'un des hommes, pour faire rire les autres, relève le col de son veston et mime une java vache. Les rires fusent, insultants.

Un autre cavalier se lève et s'éloigne en direction de l'orchestre.

Cependant, Ève et Pierre dansent.

— Vous vous souvenez ? dit-elle. J'aurais donné mon âme pour revenir sur terre et danser avec vous...

— J'aurais donné la mienne, répond-il, pour toucher votre taille et sentir votre souffle...

Ils échangent un très léger et très rapide baiser sur les lèvres. Puis Ève appuie sa joue contre celle de Pierre et murmure :

— Serrez-moi bien fort, Pierre. Serrez-moi bien fort, que je sente vos bras...

— J'ai peur de vous faire mal...

Ils dansent encore un instant, très loin de tout.

Mais, brutalement, la musique change pour faire place à une valse-musette assez vulgaire.

Ils cessent de danser et regardent dans la direction des snobs.

Le cavalier, revenant de l'orchestre, rejoint ses amis, au milieu des rires mal réprimés.

Pierre s'écarte d'Ève, suivi par le regard inquiet de sa compagne.

Posément, Pierre vient jusqu'à la table des snobs. S'adressant au cavalier qui a changé le disque, il se penche vers lui et dit :

— Vous ne pourriez pas demander l'avis des danseurs avant de changer les disques ?

L'autre affecte un air de surprise.

— Vous n'aimez pas les valses-musettes ?

— Et vous, rétorque Pierre, vous n'aimez pas les paires de gifles ?

Mais le cavalier essaie d'ignorer sa présence et s'adresse à l'une des femmes qui l'entourent :

— M'accorderez-vous cette danse ? demande-t-il avec ironie.

Alors Pierre le saisit par le revers du veston :

— Dites donc, je vous parle...

— Mais pas moi, Monsieur, pas moi, réplique l'homme.

Ève s'est rapidement rapprochée et s'interpose entre les deux hommes.

— Pierre, je vous en prie...

Pierre écarte la jeune femme d'un revers de main en lançant :

— Oh ! ça va...

Mais une autre main vient de se poser sur son épaule. Il se retourne brusquement, lâchant son adversaire et se trouve devant un élégant milicien, qui l'interpelle durement :

— Dis donc toi ? Où est-ce que tu te crois ? Tu ne peux pas laisser ces messieurs tranquilles ?

Pierre frappe la main du milicien posée sur son épaule.

— J'ai horreur qu'on me touche. Et surtout pas toi.

Le milicien hors de lui hurle :

— Tu as envie de te faire boucler ?

Il lève le poing, mais au moment où il va frapper, Ève s'interpose entre les deux hommes avec un cri :

— Arrêtez !

Et, profitant de l'hésitation du milicien, elle poursuit sévèrement :

— Vous ne savez pas que le Régent interdit toute provocation aux membres de la milice ?

Le milicien est un peu déconcerté.

Ève en profite pour fouiller dans son sac, en sort une carte qu'elle tend au milicien.

— Charlier, ça ne vous dit rien ? André Charlier, secrétaire de la Milice ? C'est mon mari.

Pierre regarde Ève avec une espèce d'horreur.

Le milicien, pétrifié, balbutie :

— Madame... je m'excuse...

— Je ne vous en demande pas tant, répond Ève en le congédiant d'un geste autoritaire. Et maintenant, filez si vous ne voulez pas d'histoires.

Le milicien salue, s'incline, et s'éloigne à grands pas. En même temps que lui, Pierre tourne brusquement les talons et s'éloigne dans la direction opposée.

Ève, en se retournant, se rend compte de ce brusque départ.

Elle appelle :

— Pierre !

Pierre continue de marcher sans tourner la tête.

Après un moment d'hésitation, Ève fait face au groupe des snobs et dit avec violence :

— Pauvres imbéciles ! Vous êtes contents de vous, n'est-ce pas ? Eh bien, je vais vous faire plaisir : vous pouvez répéter partout que je quitte mon mari, que j'ai un amant, et qu'il travaille de ses mains.

Puis, laissant les snobs pétrifiés, elle s'élance à la poursuite de Pierre.

Elle sort précipitamment de l'établissement, s'oriente une seconde, puis se met à courir le long de l'allée.

Bientôt elle rejoint Pierre qui poursuit sa marche nerveusement. Elle se remet à son pas. Un moment ils marchent côte à côte. Pierre ne la regarde pas.

Enfin, elle demande :

— Pierre ?...

— Secrétaire de la Milice ! fait Pierre.

— Ce n'est pas ma faute.

— Ce n'est pas non plus la mienne...

Puis, plein d'amertume, il ajoute :

— La femme pour qui j'étais fait !

Il ralentit un peu, mais ne regarde toujours pas Ève qui continue :

— Je leur ai dit que je partais avec vous. Nous sommes liés, Pierre.

Il s'arrête soudainement, la regarde pour la première fois et s'exclame :

— Liés ? Qu'est-ce que nous avons de commun ?

Elle pose sa main sur son bras et dit avec douceur :

— Nous avons notre amour.

Pierre hausse les épaules avec tristesse.

— C'est un amour impossible.

Il fait trois pas vers un banc proche, puis se retourne.

— Savez-vous à quoi je travaille depuis des années ?... Je mène la lutte contre vous.

Il s'assied, mais Ève n'a pas encore compris :

— Contre moi ?

Pendant qu'elle s'assied près de lui et le regarde gravement, mais sans surprise, il explique :

— Contre le Régent et sa milice. Contre votre mari et contre vos amis. C'est à eux que vous êtes liée, pas à moi.

Puis il lance :

— Vous connaissez la Ligue ?

— La Ligue pour la liberté ? demande-t-elle en regardant Pierre avec une espèce de crainte comme si elle découvrait un homme nouveau pour elle, mais qui ne l'effraye pas.

— C'est moi qui l'ai fondée.

Ève détourne la tête et murmure :

— Je déteste la violence...

— La nôtre, mais pas la leur.

— Je ne me suis jamais occupée de ces choses, affirme-t-elle.

— C'est bien ce qui nous sépare. C'est par vos

116

amis que je suis mort. Et si je n'avais pas eu la chance de revenir sur terre, demain ils auraient massacré les miens.

En lui prenant la main, elle rectifie doucement :

— C'est parce que vous m'avez rencontrée que vous êtes revenu.

Peu à peu le ton de Pierre se radoucit :

— Bien sûr, Ève. Bien sûr... Mais je hais ceux qui vous entourent.

— Je ne les ai pas choisis.

— Ils vous ont marquée.

— Ayez confiance en moi, Pierre. Nous n'avons pas le temps de douter l'un de l'autre...

A ce moment une feuille morte tombe entre eux, presque sur leurs visages.

Ève pousse un petit cri et fait un geste pour la chasser. Pierre sourit à la jeune femme.

— C'est une feuille.

— C'est bête... j'ai cru...

— Quoi ?

D'une voix basse, un peu tremblante, elle avoue :

— J'ai cru que c'était eux...

Pierre la regarde, étonné, puis comprend.

— C'est vrai... Ils doivent être là. Le vieux avec son tricorne et les autres... Au spectacle, comme chez le Régent. Ils s'amusent de nous.

Pendant qu'il parle en regardant machinalement autour de lui, Ève a ramassé la feuille et la contemple :

— Pas tous... Il y en a un au moins qui espère en nous : celui qui nous a demandé de nous occuper de sa petite fille.

117

— Ah, oui... fait Pierre avec un geste d'indifférence.

— Nous le lui avons promis, Pierre. Venez, dit-elle en se levant.

Pierre ne bouge pas.

Ève tend la main à Pierre, en souriant courageusement.

— Aidez-moi, Pierre. Au moins, nous ne serons pas revenus pour rien.

Il se lève, lui rend le sourire, puis, dans un brusque élan, il lui prend les épaules et constate :

— Ce n'est pas pour les autres que nous étions revenus...

Ève lève la feuille entre leurs deux visages.

— Commençons par le plus facile, conseille-t-elle tendrement.

Ils sortent en se tenant étroitement par le bras.

UNE RUE DE LA ZONE

Une rue misérable, bordée d'immeubles aux façades grisâtres.

Pierre et Ève traversent la rue, sous le regard de quelques pauvres gens et de gosses pouilleux.

La jeune femme regarde autour d'elle avec un sourd malaise.

D'un geste nerveux, elle touche son manteau de fourrure. On sent qu'elle a honte.

La rue est jonchée de détritus et de boîtes de conserves vides avec, çà et là, des flaques d'eau fétide.

Une vieille femme vêtue de haillons prend de l'eau à la fontaine en deux brocs qu'elle emporte à tout petits pas, courbée sous le poids.

Des gosses sales et déguenillés jouent dans le ruisseau.

Ève se serre un peu plus contre Pierre.

Enfin, à l'approche d'un groupe de femmes très pauvrement vêtues qui font la queue devant une épicerie sordide, Pierre consulte les numéros des maisons et s'arrête.

— C'est là, dit-il.

Cette maison est encore plus misérable que toutes les autres.

La file des pauvres gens s'étend sur l'étroit trottoir et barre l'entrée de la maison.

Ève est le point de mire de tous les regards.

Elle est de plus en plus gênée.

Pierre lui fraie doucement un passage :

— Pardon, Mesdames...

Puis il fait passer Ève devant lui et ils pénètrent dans la maison.

L'ESCALIER DE LA MAISON
DE LA RUE STANISLAS

Pierre et Ève montent un escalier poussiéreux avec des marches inégales. Des murs lépreux les entourent.

Ils montent ainsi deux étages.

Ève a rassemblé tout son courage, cependant que Pierre épie ses réactions.

Ils croisent un très vieil homme au visage creusé par les privations et la maladie, et qui descend marche par marche, en toussant.

Ève s'écarte pour le laisser passer.

Puis Pierre revient à sa hauteur, la prend par le bras pour l'aider à gravir les marches.

Elle lui sourit bravement.

A mesure qu'ils montent, les sons d'une rengaine jouée par la radio s'amplifient.

Ils atteignent ainsi le troisième étage.

C'est à travers une des portes de ce palier que se fait entendre l'air de la radio.

Une petite fille est assise sur la dernière marche.

Elle se tient tassée sur elle-même, contre la rampe.

Elle est maigre et vêtue de loques.

Quelque part, un tuyau de descente de vidange crevé laisse ses eaux puantes couler le long des marches...

La petite fille ne se dérange pas.

Simplement, elle se tasse un peu plus contre la rampe.

— Ça doit être ça, la môme, suppose Pierre.

Le cœur serré, Ève se penche sur l'enfant qui la fixe intensément et l'interroge avec douceur :

— Comment t'appelles-tu?

— Marie.

— Marie comment?

— Marie Astruc.

A ce nom, Pierre et Ève échangent un regard rapide, puis il se penche à son tour sur la fillette en demandant :

— Ta maman est là?

La petite a un regard en arrière vers une des portes. Pierre se dirige vers cette porte, mais l'enfant, qui le suit des yeux, l'avertit :

— Faut pas entrer. Elle est avec oncle Georges.

Pierre, qui allait frapper, s'arrête, regarde Ève qui caresse les cheveux de la petite fille, puis il se décide à heurter la porte, doucement d'abord.

Mais comme à l'intérieur rien ne bouge et que la radio poursuit son tapage, il frappe plus fort avec le poing.

Ève, qui n'a pas cessé de caresser la fillette, lui demande :

— Qu'est-ce que tu fais là?

L'enfant ne répond pas, occupée à observer Pierre qui continue à frapper à la porte.

Enfin, de l'intérieur, parvient une voix d'homme :

— Qu'est-ce que c'est?

— Ouvrez, bon Dieu!

— Ça va, ça va, répond la voix... Vous énervez pas.

La radio se tait brusquement. A travers la cloison, Pierre entend craquer un lit.

La petite fille s'est levée. Ève la prend par la main avec douceur.

Enfin la porte s'ouvre.

Un homme est là, en bras de chemise. Il finit de boucler la ceinture de son pantalon.

Regardant Pierre, les sourcils froncés, menaçant, il lance :

— Dites-donc, ça vous amuse de défoncer les portes ?

Sans répondre, Pierre pénètre dans la pièce, suivi par Ève qui tient toujours la petite fille par la main.

L'homme, étonné mais subjugué, les laisse passer.

Pierre et Ève entrent dans une pièce qui sent la misère.

Contre un des murs, un lit de fer défait. Au pied de cette couche, un petit lit d'enfant.

Dans un coin, un fourneau à gaz et un évier. Sur la table, il y a des assiettes sales, une bouteille de vin à moitié vide et des verres sales.

La femme du mort, assise sur le lit, finit de fermer un peignoir crasseux en toile légère.

Elle est à la fois gênée et arrogante.

Pierre l'interroge :

— C'est vous, Madame Astruc ?

— C'est moi.

— C'est votre fille ? questionne à son tour Ève en désignant l'enfant.

Cependant, l'homme, après avoir refermé la

porte, vient se planter au centre de la pièce, à côté de la femme. C'est lui qui répond :

— Ça vous regarde ?

— Ça se pourrait, réplique Pierre sèchement ; puis, s'adressant de nouveau à la femme, il reprend :

— On vous demande si c'est votre fille ?

— Oui. Et après ?

— Qu'est-ce qu'elle faisait dans l'escalier ? demande Ève.

— Dites-donc, ma petite... Je vous demande pas qui c'est qui a payé vos renards. Mais quand on n'a qu'une pièce, on est bien forcé de mettre les gosses dehors, de temps en temps...

— Tant mieux, réplique Ève, si elle vous dérange, nous venons la chercher. Nous sommes des amis de son père.

L'enfant, à ces mots, lève vivement son visage illuminé vers Ève.

— Chercher quoi ? demande la femme consternée.

— La petite, confirme Ève.

L'homme fait un pas, le bras tendu vers la porte :

— Vous allez foutre le camp et tout de suite.

Mais Pierre se tourne brusquement vers l'homme et lui conseille :

— Sois poli, mon petit bonhomme. On s'en va, oui, mais avec la gosse.

— Avec la gosse ? répète la femme. Vous avez des papiers ?

Ève fouille dans son sac. Elle fait un pas jusqu'à la table sur laquelle elle pose une liasse de billets.

— Ceux-là, dit-elle, ça vous suffit ?

L'homme et la femme demeurent un instant muets de surprise, hypnotisés par ce paquet de billets — la femme, surtout. La petite fille elle-même se penche sur la table.

L'homme, le premier, réagit.

Avec un geste brutal, il ordonne à l'enfant :

— Amène-toi ici, toi.

L'enfant fait un écart, court se réfugier dans les jambes de Pierre qui la prend aussitôt dans ses bras.

Cependant, la femme ramasse l'argent en disant :

— Laisse tomber, Georges. Ces choses-là, ça regarde la police.

— C'est ça, ironise Pierre. Allez trouver les flics...

Puis il ajoute à l'intention de l'homme qui empoche la liasse de billets.

— Les perds pas. Ça te servira de pièce à conviction quand tu iras porter plainte.

Là-dessus, il fait un signe à Ève et ils sortent, emmenant avec eux l'enfant.

UNE VILLA DE BANLIEUE

A la porte d'un jardin de banlieue, Pierre et Ève se sont retournés avant de sortir et, souriant, d'un air attendri, agitent la main en signe d'adieu.

Ève lance une dernière fois :

— Au revoir, Marie...

Là-bas, au fond du jardin bien entretenu, sur le perron de la villa, une bonne grosse dame tient par la main la petite Marie, à qui l'on vient manifestement de donner un bain.

La fillette est enveloppée d'une grande serviette-éponge.

Ses cheveux lavés sont maintenus par un ruban.

Elle lâche la main de la bonne dame pour faire joyeusement un grand signe d'adieu.

— Au revoir.

Dans son geste, la serviette tombe et l'enfant apparaît toute nue.

La bonne dame en riant ramasse la serviette et recouvre les épaules de l'enfant dans un geste affectueux.

Ève et Pierre rient puis se regardent :

— Nous aurons au moins réussi ça, constate Ève.

Elle réfléchit une seconde, et ajoute :

— Pierre, nous la garderons si tout marche bien.

— Tout marchera bien, assure Pierre.

Il lui prend le bras pour la conduire vers un taxi qui stationne devant la porte. Le chauffeur met son moteur en marche en les voyant approcher.

Cependant, Ève retient encore une seconde son compagnon et, s'adressant au vide qui les entoure, elle dit :

— Si vous êtes là, vous devez être content : elle est en bonnes mains, votre petite fille...

Alors, ils remarquent le regard étonné, et même inquiet, que leur lance le chauffeur ; ils échangent un regard amusé et montent dans le taxi.

Le chauffeur embraie et le taxi démarre...

Le taxi s'arrête devant la maison où demeure Pierre, dans une rue populaire, mais propre.

Ève et Pierre descendent.

Tandis qu'il règle le prix de la course, la jeune femme examine la maison.

Après avoir terminé avec le chauffeur, Pierre surprend son amie dans cet examen.

Il indique :

— C'est au troisième. La deuxième fenêtre en partant de la gauche.

Elle se tourne vers Pierre tandis qu'il lui tend timidement une clef :

— Voilà la clef.

Elle le considère, surprise.

— Vous ne venez pas ?

Gêné, il explique :

— Ève, il faut que j'aille voir mes amis. Quand j'étais... de l'autre côté, j'ai appris certaines choses. Nous avons été trahis... Il faut que j'aille les avertir...

— Tout de suite ?

— Demain, ce serait trop tard.

— Comme vous voudrez.

— Il faut que j'y aille, Ève...

Il observe un temps de silence, puis ajoute avec un sourire gêné :

— ... Et puis, j'aime mieux que vous montiez seule...

126

— Pourquoi?

— C'est moins beau que chez vous, vous savez...

Ève sourit, vient spontanément à lui, le serre dans ses bras et demande gaiement :

— Au troisième?

— La porte de gauche, précise-t-il, déjà rasséréné.

Elle se dirige vers la maison, se retourne sur le seuil ; Pierre est immobile et la regarde. Il demande timidement :

— Quand vous y serez, dites-moi au revoir par la fenêtre...

Amusée, elle fait un petit acquiescement des yeux et pénètre dans la maison...

LA CHAMBRE DE PIERRE

Ève entre dans la chambre, referme derrière elle la porte et regarde autour d'elle. Elle voit une chambre modeste mais propre, parfaitement en ordre et relativement confortable.

Derrière un rideau il y a un petit cabinet de toilette, auprès duquel s'ouvre la porte d'une cuisine grande comme un mouchoir de poche.

Ève est un peu émue de voir l'endroit où elle va vivre, mais elle se reprend vite.

Elle gagne la fenêtre dont elle ouvre les battants...

LA RUE ET LA MAISON DE PIERRE

En face de sa maison de l'autre côté de la rue, Pierre fait nerveusement les cent pas.

Ève paraît à la fenêtre et lui crie joyeusement :
— C'est très bien, Pierre.

Il sourit, un peu détendu :
— C'est vrai?
— Très bien, appuie-t-elle.

Alors, il lui fait un signe de la main et crie :
— A tout à l'heure.

Il s'éloigne rapidement.

LA CHAMBRE DE PIERRE

Durant quelques secondes, Ève suit Pierre qui s'éloigne, puis elle se retourne vers la chambre.

Sa gaieté tombe.

Elle fait quelques pas, pose son sac d'un air las.

Son regard s'arrête soudain sur une photographie encadrée, placée bien en évidence sur une commode.

C'est le portrait d'une vieille femme très simple, à cheveux blancs : la mère de Pierre.

A côté du cadre, se trouve un petit vase avec un bouquet de fleurs depuis longtemps fanées.

Ève s'approche de ce portrait, le contemple longuement avec émotion.

Elle sort du vase les fleurs desséchées. Puis elle reprend courage, et s'éloigne en enlevant son manteau de fourrure.

LA RUE DES CONSPIRATEURS

Pierre arrive devant la porte de la maison où se tiennent les réunions.

Après avoir examiné rapidement les alentours, il entre.

L'ESCALIER DES CONSPIRATEURS

Pierre monte rapidement l'escalier.

Parvenu devant la porte de la chambre, il frappe selon le code particulier et attend.

Et, comme rien ne bouge, il frappe à nouveau, en criant à travers la porte :

— C'est Dumaine...

La porte s'ouvre. L'homme qui vient d'ouvrir n'est autre que l'ouvrier qui, sur la route, lors de la « résurrection » de Pierre, avait conseillé à Paulo de le suivre. Il a un regard fuyant et s'efface pour laisser passer l'arrivant.

Pierre entre, un peu essoufflé, en jetant un hâtif :

— Bonsoir...

Puis il traverse la pièce et s'approche de ses camarades. Il y a là Poulain, Dixonne, Langlois et Renaudel, assis autour de la table.

Appuyé à la cheminée, derrière eux, Paulo se tient debout.

L'ouvrier, après avoir refermé la porte, suit lentement Pierre.

Ils ont tous un air sombre et tendu, mais Pierre ne s'aperçoit pas tout de suite de leurs regards durs et méfiants.

— Bonsoir, les gars, dit-il, d'une voix agitée. Il y a du nouveau... Demain, on ne bouge pas. L'insurrection n'aura pas lieu.

Les autres accueillent cette nouvelle sans aucune réaction.

Seul, Dixonne fait simplement :

— Ah ?...

Poulain baisse la tête et boit son verre de vin à petits coups. Paulo, sans un regard pour Pierre, quitte la cheminée et se dirige vers la fenêtre.

Pierre reste interloqué.

130

Il s'aperçoit pour la première fois que ses camarades le regardent d'une façon anormale.

Il constate :

— Vous en faites des gueules !

Il essaie de sourire, mais il ne rencontre que des
visages fermés, figés, et son sourire tombe.

Puis, il se remet à parler avec gêne :

— Nous sommes repérés. Ils savent tout. Le
Régent a fait amener deux régiments et une bri-
gade de la milice en renforts.

Très froid, Dixonne constate :

— Intéressant. Seulement, qui c'est qui t'a renseigné comme ça ?

Pierre s'assoit sur une chaise en balbutiant :

— Je... je ne peux pas vous le dire...

A son tour, Langlois prend la parole :

— Ça ne serait pas Charlier, par hasard ?

Pierre sursaute :

— Qui ?

— Tu étais chez lui ce matin. Tu t'es promené
toute la journée avec sa femme.

— Oh ! lâchez-moi... s'exclame Pierre. Elle n'a
rien à voir là-dedans.

Durement, Renaudel déclare :

— Nous avons quand même le droit de te
demander ce que tu fricotes avec la femme d'un
secrétaire de milice, la veille d'un jour pareil ?

Pierre se redresse et les regarde l'un après
l'autre.

— Ève est ma femme.

Avec un petit rire sec, Dixonne se lève. Les
autres contemplent Pierre avec des visages incré-
dules. Énervé par le rire de Dixonne, Pierre se lève
à son tour, furieux :

— C'est bien le moment de rigoler, nom de Dieu. Je vous explique que nous sommes repérés. Si nous bougeons, demain, ce sera un massacre et la Ligue sera liquidée. Qu'est-ce que vous venez me parler de la femme de Charlier?

Haussant les épaules, il enfonce ses mains dans ses poches.

Pendant qu'il parlait, Dixonne a fait silencieusement le tour de la table. Il vient regarder Pierre bien en face.

— Écoute, Dumaine, dit-il, ce matin tu pétais le feu : c'est pour demain. Tu nous quittes. Un inconnu te tire dessus. Il aurait tiré à blanc, ça se serait passé tout pareil. Bon...

Pierre retire les mains de ses poches et écoute, les dents serrées, pâle de colère.

— Tu te relèves, poursuit Dixonne. Tu rembarres Paulo qui veut t'accompagner et tu files chez Charlier. Maintenant, tu viens nous sortir ces salades... Comment est-ce que tu veux qu'on te croie?

— Ah! c'est donc ça... s'exclame Pierre. J'ai travaillé cinq ans avec vous. La Ligue, c'est moi qui l'ai fondée..

Renaudel, en se levant de table, l'interrompt sèchement :

— Ça va. Nous raconte pas ta vie. On te demande ce que tu faisais chez Charlier?

Poulain se lève à son tour :

— Et ce que tu faisais au pavillon du parc?

Langlois, le plus timide, se dresse aussi et, avec un ton de doux reproche :

— Tu es allé voler son gosse à un type de la rue Stanislas...

— Tu l'as menacé de la police, renchérit Dixonne, en lui lançant des billets de mille à la tête. Qu'est-ce que ça veut dire, tout ça? On t'écoute.

Pierre les a regardés tour à tour. Il est submergé par ce flot d'accusations, et se sent impuissant à les convaincre :

— Je ne peux pas vous expliquer. Je vous dis de ne pas bouger demain et c'est tout.

— Tu ne veux pas répondre? insiste Dixonne.

— Je vous dis que je ne peux pas, nom de Dieu, explose Pierre. Et même si c'était que je ne veux pas, je suis votre chef, oui ou non?

Simplement, après avoir consulté ses camarades du regard, Dixonne laisse tomber ces mots :

— Plus maintenant, Dumaine.

Avec un sourire méprisant, Pierre ricane :

— Tu es content de me dire ça, hein, Dixonne? Tu vas l'avoir enfin, ma place...

Et, pris d'une rage soudaine, il se met à crier :

— Mais, pauvres abrutis, qu'est-ce que vous croyez? *Moi*, j'aurais donné la Ligue?

Furieux, il fait le tour des visages.

— Enfin, quoi, vous me connaissez... Voyons, Paulo...

Paulo baisse la tête et se met à marcher à travers la pièce, comme il n'a cessé de le faire pendant toute la scène.

— Tout le monde, alors? continue Pierre. Pensez ce que vous voudrez... Mais je vous dis que si vous marchez demain, ce sera un massacre et que vous en serez responsables...

Dixonne l'interrompt froidement, sans colère.

— Ça va comme ça, Dumaine. Tire-toi.

Les uns après les autres, ils tournent le dos à Pierre, mais Renaudel prononce encore :

— Et si nous avons des ennuis demain, on saura où te trouver.

Maintenant, ils s'écartent de lui, vont se grouper près de la fenêtre. Pierre reste seul au milieu de la pièce...

— C'est bien... dit-il enfin. Faites-vous tous crever demain, si ça vous amuse. Ce n'est pas moi qui irai vous plaindre.

Il se dirige vers la porte, mais avant de l'atteindre il se retourne et regarde ses compagnons :

— Écoutez, les gars...

Mais ses cinq camarades lui tournent le dos. Les uns regardent dans la rue, les autres dans le vague.

Alors il sort en claquant furieusement la porte derrière lui...

LA CHAMBRE DE PIERRE

Ève s'occupe à disposer un bouquet de roses dans un vase.

Quelques coups frappés à la porte l'interrompent.

Elle va ouvrir, et Pierre paraît, le visage sombre. Ève lui sourit. Il fait un effort pour sourire aussi. Puis il regarde la chambre et fronce de nouveau

134

les sourcils. Il s'avance dans une chambre transformée.

Ève n'a pas fait que disposer des fleurs; des rideaux garnissent les fenêtres; un nouvel abat-jour pare la vieille lampe; la table est recouverte d'un joli tapis. La lumière est allumée bien que dehors la nuit ne soit pas tout à fait tombée.

Ève suit son ami, épiant ses réactions. Pierre, stupéfait, murmure :

— Qu'est-ce que vous avez fait ?

Il s'approche de la table, touche du doigt une des roses posées dans le vase, puis la frappe nerveusement d'une chiquenaude.

Il va à la fenêtre, tâte les rideaux.

Son visage s'assombrit, il se retourne et dit :

— Je ne veux pas profiter de votre argent.

Déçue, Ève reproche :

— Pierre ! C'est aussi *ma* chambre...

— Je sais...

Maussade, il regarde au-dehors en pianotant contre la vitre. Ève s'approche de lui et interroge :

— Vous avez vu vos amis ?

Sans se retourner, il répond tristement :

— Je n'ai plus d'amis. Ils m'ont chassé, Ève.

— Pourquoi ?

— Nous devions marcher contre le Régent, demain. C'était le grand coup. J'allais leur dire qu'on nous tendait un piège et qu'il ne fallait pas bouger. Ils m'ont pris pour un traître.

Ève l'écoute en silence.

Pierre ajoute avec un petit rire sec :

— Ils m'ont vu avec vous et ils connaissent votre mari, vous comprenez ?

135

A ce moment, on frappe à la porte...

Pierre se retourne brusquement. Son visage devient grave comme s'il pressentait un danger

Après une courte hésitation, il va éteindre la lumière, ouvre un tiroir de la commode, en sort un revolver qu'il met, sans le lâcher, dans la poche de son veston. Puis il se dirige vers la porte, écarte Ève qui s'en était approchée, en disant à voix basse :

— Ne restez pas devant la porte...

Lorsque la jeune femme s'est mise de côté, il ouvre brusquement la porte. Il reconnaît Paulo.

— Ah! c'est toi? dit-il, qu'est-ce que tu veux?

Paulo ne répond pas immédiatement.

Il est hors d'haleine et semble au comble de l'émotion.

— Qu'est-ce que tu fais chez un mouchard? interroge Pierre, durement.

Et comme Paulo demeure toujours silencieux, il s'emporte :

— Alors, quoi, tu te décides?

— Va-t'en, Pierre. Sauve-toi. Ils vont venir. Ils veulent te descendre.

— Tu crois que je vous ai donnés?

— Je ne sais pas, répond Paulo, mais va-t'en, Pierre. Il faut que tu t'en ailles.

Pierre demeure une seconde pensif, puis il articule :

— Adieu, Paulo... Et merci tout de même.

Il referme la porte et retourne jusqu'au meuble où il a pris le revolver. Ève est là, adossée au mur. Dans la pénombre du jour tombant, ils se voient à peine.

136

— Allez-vous-en, Ève, conseille Pierre. Vous avez entendu? Vous ne pouvez pas rester ici.

Elle se met à rire.

— Et vous? Vous partez?

— Non, dit-il en remettant son revolver dans le tiroir.

— Mon pauvre Pierre. Alors, je reste aussi.

— Il ne faut pas.

— Où voulez-vous que j'aille?

— Lucette? suggère Pierre.

Elle hausse les épaules et s'approche lentement de la table en déclarant :

— Je n'ai pas peur de la mort, Pierre. Je sais ce que c'est.

Elle se penche sur le vase de fleurs, prend une rose et la met dans ses cheveux.

— Et puis, poursuit-elle, de toute façon, nous allons mourir, n'est-ce pas?

Pierre s'étonne :

— Pourquoi?

— Parce que nous avons manqué notre coup...

Elle se tourne vers Pierre et lui prend le bras.

— Allons, Pierre, avouez... ce n'est pas pour moi que vous avez voulu revivre. C'est pour votre insurrection... A présent qu'elle va rater, cela vous est égal de mourir. Vous savez qu'on va venir vous tuer et vous restez ici.

— Et vous? Ce n'est pas pour Lucette que vous êtes revenue sur terre?

Elle pose sa tête contre la poitrine de Pierre et, après un petit silence, murmure :

— Peut-être...

Il la serre dans ses bras.

137

— Nous avons perdu, Ève... dit-il. Il n'y a plus qu'à attendre...

Puis il lève les yeux :

— Regardez.

— Quoi ?

— Nous.

Alors seulement, elle voit leur double image qui se reflète dans la glace.

— C'est la première fois et la dernière, dit-il, que nous nous voyons ensemble dans une glace...

Et, souriant à leur image, il ajoute :

— ... Ça pouvait aller...

— Oui, ça pouvait aller. Vous étiez juste assez grand pour que je mette la tête sur votre épaule...

Soudain des pas se font entendre dans l'escalier.

Ensemble, ils tournent la tête vers l'entrée.

— Les voilà, dit Pierre simplement.

Ève et Pierre se regardent intensément...

— Prenez-moi dans vos bras, demande Ève.

Il l'enlace. Pierre et Ève se regardent comme s'ils voulaient fixer pour toujours leur image vivante.

— Embrassez-moi, dit Ève.

Pierre l'embrasse. Il desserre son étreinte. Ses mains remontent, le long du corps de la jeune femme, jusqu'à la poitrine.

— Quand j'étais mort, dit-il à voix basse, j'avais tant envie de caresser votre poitrine. Ce sera la première et la dernière fois...

— J'avais tant envie que vous me preniez dans vos bras, murmure-t-elle.

Cette fois, on frappe à coups redoublés.

138

Pierre enlace Ève de nouveau. Il lui parle, souffle contre souffle.

— Ils vont tirer dans la serrure. Ils vont tirer sur nous. Mais j'aurai senti votre corps avec mon corps. Ça valait la peine de revivre...

Ève s'abandonne entièrement à lui. Et puis, ils distinguent un piétinement sur le palier, et les pas se mettent à redescendre l'escalier, décroissent, pour disparaître définitivement.

Pierre se redresse lentement, Ève tourne la tête vers la porte. Ils se regardent, et ils se sentent soudain confus, embarrassés par leurs corps.

Ève se dégage et se détourne :

— Ils sont partis.

Elle fait quelques pas et vient s'accouder au dossier d'un fauteuil. Pierre s'est approché de la fenêtre pour essayer de voir dans la rue.

— Ils reviendront, assure-t-il.

Puis il se dirige vers elle.

— Ève... qu'est-ce qu'il y a ?

Elle se retourne vivement vers lui :

— Non, n'approchez pas.

Pierre s'arrête et demeure un instant sur place. Puis se rapprochant, il répète plus doucement :

— Ève...

Elle le regarde s'approcher, raidie, cabrée.

Lentement, les deux mains de Pierre enserrent le visage d'Ève :

— Ève, il n'y a plus que nous deux... Nous sommes seuls au monde. Il faut nous aimer. Il faut nous aimer ; c'est notre seule chance.

Ève se détend légèrement.

Soudain, elle se dégage, traverse la chambre,

139

suivie par le regard de Pierre. Il a un air dur, surpris et tendu. Sans prononcer une parole elle va s'asseoir en travers du lit, le buste un peu rejeté en arrière, s'appuyant sur ses mains. Elle se tient toute droite et attend Pierre avec un mélange de décision résolue et d'angoisse.

Pierre s'avance vers elle, hésitant...

Il est maintenant contre le lit. Alors Ève se renverse doucement en arrière, les mains près de la tête. Ses yeux sont grands ouverts. Pierre a les deux bras écartés et se tient appuyé sur les deux mains. Ses bras plient, il se penche encore. Mais Ève détourne légèrement la tête, et il enfouit son visage dans le cou de la jeune femme.

Elle demeure immobile. Ses yeux grands ouverts fixent le plafond taché avec sa suspension bon marché. Elle aperçoit dans un éclair la table avec les fleurs, le meuble avec la photo de la mère, le miroir et encore le plafond.

Pierre prend brusquement et presque brutalement les lèvres de la jeune femme.

Ève ferme un court instant les yeux, puis les ouvre tout grands et fixes.

Son bras s'est accroché à l'avant-bras de Pierre dans un geste de défense. La main mollit, remonte jusqu'à l'épaule, et soudain se crispe violemment...

Et la voix d'Ève éclate, dans un cri de triomphe et de délivrance :

— Je t'aime...

Dehors, maintenant, le jour est presque complètement tombé...

Et puis, c'est le jour, le soleil qui entre a flots par la fenêtre.

Pierre sort du cabinet de toilette. Il est en bras de chemise et s'éponge le visage avec une serviette.

— Ils ne sont pas venus, dit-il tout à coup.

Ève, qui finit de se coiffer devant la glace, répond avec assurance :

— Ils ne viendront plus.

— Sais-tu pourquoi ? questionne-t-il en la prenant par les épaules.

Elle le regarde tendrement.

— Oui. Quand ils ont frappé à la porte, nous avons commencé à nous aimer.

Il précise :

— Ils sont repartis parce que nous avions gagné le droit de vivre.

— Pierre, murmure-t-elle en se serrant contre lui, Pierre, nous avons gagné...

Ils demeurent ainsi un instant, puis elle demande :

— Quelle heure est-il ?

Pierre jette un coup d'œil vers le réveille-matin qui indique neuf heures et demie.

— Dans une heure, dit-il, l'épreuve est finie...

Souriante, elle le force à se tourner vers le miroir, dans lequel leurs images se reflètent.

— Nous étions là...

— Oui.

— Pierre... qu'est-ce que nous allons faire de cette vie nouvelle ?

— Ce que nous voudrons. Nous ne devons plus rien à personne.

Pendant qu'ils échangent ces quelques mots, on entend un bruit dans la rue. C'est toute une troupe qui défile, avec des tanks et des véhicules motorisés.

Pierre écoute...

Ève l'observe sans un mot, avec une appréhension croissante. Brusquement, elle interroge :

— Tu ne regrettes pas tes camarades ?

— Et toi, regrettes-tu Lucette ?

— Non, dit-elle fermement.

Mais accrochée à son bras, elle répète nerveusement :

— Et toi ?

Pierre secoue la tête farouchement :

— Non.

Il se dégage, fait quelques pas et s'arrête près de la fenêtre.

Crispé, il écoute le bruit de la troupe de plus en plus proche :

— Ça dure longtemps... Ils doivent être nombreux...

Ève se rapproche, le prend par un bras, supplie :

— Pierre, ne les écoute pas... Nous sommes seuls au monde...

Il la serre nerveusement et répète :

— Oui. Nous sommes seuls au monde...

Sa voix se hausse, s'exalte pour ne plus entendre le martèlement des pas et le bruit des tanks.

— Nous quitterons la ville. Je gagnerai ta vie. Je serai heureux de travailler pour toi. Les copains, la Ligue, l'insurrection, tu remplaceras tout... Je n'ai plus que toi, toi seule.

Il a presque crié sa dernière phrase, mais le vacarme de l'armée en marche domine encore sa voix.

Il se dégage brutalement, et crie :

— Mais ça ne s'arrête pas, ça ne s'arrête pas.

— Pierre, gémit-elle, je t'en supplie. Ne pense qu'à nous. Dans une heure...

Il a tiré le rideau et constate :

— Ils sont des milliers... ça va être un massacre...

Il se détourne, marche nerveusement jusqu'au lit où il s'assied, la tête dans ses mains.

Ève sait déjà que rien ne pourra plus le retenir ; cependant, elle lui parle encore :

— Pierre. Ils t'ont insulté. Ils voulaient te tuer. Tu ne leur dois plus rien...

Agenouillée devant lui, elle l'implore :

— Pierre... à présent, c'est envers moi que tu as des devoirs...

Il écoute les bruits de la rue, et répond distraitement :

— Oui...

Puis, après un court silence, il se décide :

— Il faut que j'aille là-bas.

Ève le regarde avec une sorte de terreur résignée :

— C'est pour eux que tu es revenu...

— Non, assure-t-il en prenant le visage d'Ève entre ses mains, non... c'est pour toi...

— Alors ?

Il secoue la tête, désespéré, mais obstiné :

— Je ne peux pas les laisser faire.

Dans un mouvement violent, il se dresse, prend

143

son veston du dossier d'une chaise et, tout en l'enfilant hâtivement, court à la fenêtre.

Il est déjà repris par la fièvre de l'insurrection. Il est anxieux, mais en même temps presque joyeux.

— Pierre, dit-elle, nous n'avons pas encore gagné... Il nous reste une heure à peine...

Il se retourne vers elle et la saisit par les épaules :

— Est-ce que tu m'aimerais si je les laissais massacrer ?

— Tu as fait ce que tu as pu.

— Non. Pas tout... Écoute : il y a réunion des chefs de section dans une demi-heure. Je vais y aller. J'essayerai de les arrêter. Quoi qu'ils décident, je reviendrai avant dix heures et demie. Nous nous en irons, Ève. Nous quitterons la ville, je te le jure. Si tu m'aimes, laisse-moi partir. Sans ça, je ne pourrai plus jamais me regarder dans une glace...

Elle se serre désespérément contre lui.

— Tu reviendras ?

— Avant dix heures et demie.

— Tu me le jures ?

— Je te le jure.

Déjà, il se dirige vers la porte, mais elle le retient encore.

— Eh bien, va... murmure-t-elle. Va, Pierre. C'est la plus belle preuve d'amour que je puisse te donner...

Il la serre dans ses bras et l'embrasse, mais on le sent distrait.

Cependant, une pensée le retient une seconde :

— Ève. Tu m'attends ici ?

144

— Oui, je... commence-t-elle, puis elle se reprend vivement, d'un air un peu gêné :

— Non... Je vais essayer de revoir Lucette. Tu me téléphoneras là-bas.

Il l'embrasse encore une fois, et court vers la porte.

Ève lui dit encore doucement :

— A présent, va... Et n'oublie pas ce que tu m'as juré.

Alors, elle s'approche de la commode, ouvre le tiroir, en sort le revolver de Pierre, va prendre sur la table son sac à main dans lequel elle glisse l'arme en se dirigeant vers la porte.

Au moment de sortir, elle se ravise, vient se pencher sur le lit défait et ramasse la rose que, la veille au soir, elle avait dans ses cheveux.

DEVANT LA MAISON DE PIERRE

Pierre paraît sur le seuil de l'immeuble, poussant sa bicyclette. Avant de sortir, il scrute la rue d'un regard rapide ; au passage, ses yeux se lèvent sur la grosse montre-enseigne dont les aiguilles marquent dix heures moins vingt...

Il gagne la chaussée, enfourche rapidement son vélo et démarre.

A dix mètres de là, dissimulé sous une porte cochère, Lucien Derjeu observe la sortie de Pierre. Lui aussi tient sa bicyclette à la main.

Il se penche et quand il est sûr de ne pas être

repéré, il monte à son tour et suit Pierre à distance.

LE PALIER DE LA CHAMBRE
DE PIERRE

Ève sort de la chambre, ferme la porte et commence à descendre rapidement l'escalier.

UNE RUE

C'est une rue très en pente, et Pierre la dévale à toute allure avec Lucien Derjeu sur ses talons.

CHEZ LES CHARLIER

La main d'Ève glisse une clef dans la serrure et la tourne précautionneusement.

La porte s'ouvre doucement sur le vestibule; le visage grave et tendu d'Ève Charlier se montre dans l'entrebâillement.

Elle s'assure que le vestibule est désert, puis elle entre, referme la porte silencieusement, se dirige enfin vers la porte du salon qui se trouve au bout

146

du couloir. Elle se reflète au passage dans la glace du couloir, mais sans s'attacher à ce détail.

Un instant, elle s'immobilise, écoute, puis elle ouvre avec précaution.

Elle aperçoit André et Lucette assis côte à côte sur le canapé...

Lui est en veston d'intérieur, elle en robe de chambre. Ils prennent le petit déjeuner en devisant tendrement. André paraît jouer un jeu dont il est seul à connaître les dangers. Mais peut-être Lucette n'est-elle pas tout à fait inconsciente...

Ève se glisse dans la pièce et, brusquement, referme la porte avec force...

Le bruit arrache André et Lucette de l'engourdissement où ils semblaient se complaire. Ils tournent les yeux vers la porte et sursautent. André change de couleur, Lucette se redresse et tous deux restent là, un moment, sans voix et sans réaction.

Ève marche sur eux d'un pas ferme et le regard droit. André parvient enfin à se lever.

Ève s'arrête à quelques pas du couple et dit :

— Eh oui, André, c'est moi.

— Qui te permet ? demande André.

Sans paraître l'avoir entendu, Ève s'installe dans un fauteuil.

En face d'elle, Lucette, incapable de dire un mot, est restée assise.

Brusquement, André s'avance vers sa femme, comme s'il voulait la jeter dehors.

Alors, Ève sort brusquement le revolver de Pierre et le braque sur André, en disant :

— Assieds-toi.

Terrifiée, Lucette pousse un cri :

— Ève !

André s'est arrêté, hésitant sur l'attitude à adopter. Ève répète :

— Je te dis de t'asseoir.

Et comme Lucette vient enfin de se lever à son tour, elle ajoute :

— Non, Lucette, non. Si tu t'approches, je tire sur André.

Lucette, effrayée, se rassied. André se détourne et regagne sa place auprès de la jeune fille.

Ève garde le revolver dans sa main, mais le pose sur le sac.

— Mon pauvre André, dit-elle, je crois que je n'ai plus rien à perdre. J'attends un coup de téléphone qui me fixera sur mon sort. Mais, d'ici là, nous allons causer, tous les deux, devant Lucette. Je vais lui raconter ta vie, ou ce que j'en sais. Et je te jure que si tu essaies de mentir, ou si je n'arrive pas à la dégoûter de toi, je viderai ce revolver sur toi.

André avale difficilement sa salive.

Lucette est terrorisée.

— Vous êtes d'accord tous les deux ? questionne Ève.

Et comme ni l'un, ni l'autre ne souffle mot, elle ajoute :

— Alors, je commence... Il y a huit ans, André, tu avais gaspillé la fortune de ton père et tu cherchais à faire un beau mariage...

Ce hangar est une sorte de garage désaffecté, situé dans les faubourgs. Une trentaine d'hommes y sont réunis, debout, le visage tourné vers Dixonne et Langlois qui les dominent du haut de la plate-forme arrière d'un vieux camion sans pneus.

Dixonne termine un exposé :

— Telles sont, camarades, les dernières instructions. Vous regagnerez vos postes au plus vite et vous attendrez les consignes... Dans vingt minutes, l'insurrection sera déclenchée...

Les hommes l'ont écouté d'un air tendu et réfléchi. Ce sont tous des ouvriers, âgés d'une trentaine d'années pour la plupart.

Lorsque Dixonne se tait, il se fait d'abord un silence, puis plusieurs voix lancent au hasard :

— Et Dumaine ?

— Pourquoi Dumaine n'est-il pas là ?

— Est-ce que c'est vrai que c'était un mouchard ?

Dixonne tend les mains en avant pour obtenir le silence et réplique

— A présent, camarades, je vais vous parler de Pierre Dumaine...

Par une ruelle déserte, Pierre vient d'atteindre le hangar. Il saute rapidement de la bicyclette,

149

jette un dernier regard méfiant autour de lui, puis s'approche d'une porte à deux battants.

Il constate que la porte est fermée de l'intérieur.

En courant, il contourne cette partie du hangar, saute la barrière d'un jardinet sordide et disparaît...

De loin, plaqué contre un mur, Lucien Derjeu le surveille. Il est haletant, en sueur.

Lorsque Pierre s'est dérobé à ses yeux, il hésite un instant, puis, à son tour, se met à courir dans une direction opposée à celle prise par Pierre...

Ce dernier saute dans un nouveau jardinet, effarouche quelques poules squelettiques, et s'arrête enfin sous une lucarne qui s'ouvre à quelques mètres du sol...

Il parvient à se hisser jusqu'à la lucarne ; un rétablissement lui permet de voir ce qui se passe à l'intérieur du hangar...

Dixonne parle toujours :

— ... Nous avons eu la chance de le démasquer juste à temps. Il n'a pu nous fournir aucune explication et il a préféré disparaître...

Toute proche la voix de Pierre lance :

— C'est faux !

D'un seul mouvement, tous les visages se tournent vers la fenêtre, et les conspirateurs stupéfaits voient Pierre enjamber la lucarne, se suspendre à la moulure supérieure de la fenêtre et sauter à pieds joints sur le sol...

Rapidement, Pierre se dirige vers le groupe des conspirateurs. Ceux-ci s'écartent pour le laisser passer.

Pierre va jusqu'au centre du hangar, tout près

150

du camion sur lequel se tiennent Dixonne et Langlois.

Là, il se retourne, les mains dans les poches, mais la taille redressée et les jambes droites, et commence à parler :

— Me voilà, camarades. Mais oui, voilà le traître, le vendu qui a pris la fuite après avoir touché l'argent du Régent.

Il fait maintenant quelques pas au milieu des conspirateurs en les regardant bien dans les yeux.

Pierre s'immobilise et reprend après un instant :

— Qui vous a redonné du courage quand tout allait mal ? Qui a fondé la Ligue ? Qui a travaillé des années contre la Milice ?

Tout en parlant, Pierre revient près du camion et, désignant Dixonne et Langlois :

— Hier, Langlois et Dixonne m'ont bassement attaqué et je n'ai pas voulu me défendre. Devant vous, je me défendrai... Pas pour moi, pour vous. Je ne veux pas que vous alliez au massacre.

UNE CABINE TÉLÉPHONIQUE

Lucien Derjeu vient de s'enfermer dans la cabine téléphonique d'un petit bistrot de la zone. Fébrilement, il compose un numéro et attend anxieusement...

De sa main libre, il essuie la sueur sur son front, tout en surveillant d'un regard apeuré, à travers la vitre, la rue déserte...

Le Chef de la Milice est assis à son bureau, penché sur une carte, entouré de plusieurs chefs de section en uniforme. On les sent raidis dans l'attente du même événement.

La sonnerie du téléphone rompt le silence.

Le Chef de la Milice décroche l'un des nombreux appareils qui garnissent son bureau, écoute, puis, d'un coup d'œil, avertit ses subalternes qu'il s'agit bien de la communication qu'il espérait.

Il écoute un moment, le visage attentif, ponctuant les déclarations de son correspondant de brefs :

— Oui... oui...

Sèchement, il ordonne à l'un de ses collaborateurs :

— Notez...

— Carrefour d'Alheine... ancien garage Dubreuil...

LE HANGAR DES CONSPIRATEURS

Terminant ses explications, Pierre s'écrie avec véhémence :

— Est-ce que vous me croyez, camarades ?

152

La voix de Dixonne s'élève

— Camarades !...

Mais, dans un mouvement violent, Pierre se tourne vers lui et ordonne :

— Tais-toi, Dixonne. Tu parleras quand je te donnerai la parole.

Puis, désignant le groupe qui les entoure, il ajoute :

— Tant que les camarades ne m'auront pas condamné, je suis encore leur chef.

Alors une voix anonyme pose une question :

— Et la femme de Charlier, Pierre ?

Pierre ricane :

— Nous y voilà. La femme de Charlier.

Il fait un pas vers l'homme qui a parlé :

— Oui, je connais la femme de Charlier. Oui, je la connais... Et savez-vous ce qu'elle a fait ? Elle a quitté son mari pour venir vivre avec moi... c'est elle qui m'a renseigné... Nous sommes trahis, les gars. Trahis.

Nerveusement, tout en parlant, il marche devant le front de sa petite troupe, et l'on sent que les autres commencent à le croire.

— Les miliciens, poursuit-il, sont consignés dans leurs casernes. Trois régiments sont entrés cette nuit dans la ville.

Il revient près du camion et s'adresse maintenant à Dixonne et à Langlois — qui ne sont pas loin, eux-mêmes, d'être convaincus :

— Le Régent nous connaît tous... Il sait ce que nous préparons. Il nous a laissé faire pour mieux nous écraser...

— Qu'est-ce qui nous prouve que c'est vrai ? jette l'un des hommes.

Pierre fait de nouveau face au groupe.

— Rien, répond-il. C'est une question de confiance... Est-ce que vous condamnerez un homme qui a travaillé dix ans avec vous, ou est-ce que vous le croirez sur parole ? Voilà la question.

Cette déclaration crée des mouvements divers parmi les conspirateurs... Pierre insiste avec force :

— Si j'étais un traître, qu'est-ce que je ferais ici ?

Alors, l'un des hommes se détache du groupe et vient se mettre aux côtés de Pierre.

— Camarades, dit-il gravement, moi, je le crois. Il n'a jamais menti jusqu'ici.

Un autre, puis un autre, un autre encore viennent se joindre à lui :

— Moi aussi...

— Moi aussi, Pierre...

C'est maintenant un revirement général, spontané de tous vers Pierre.

— Je suis avec toi, Dumaine...

Pierre réclame le silence :

— Alors, écoutez-moi... Il ne faut rien faire aujourd'hui. Je...

Une sonnerie de téléphone lui coupe la parole.

Pierre se tait. Toutes les têtes se tournent vers un coin du garage.

Le visage soudainement grave, Langlois saute du camion et se dirige en courant vers une petite cabine, tandis que tous les autres demeurent sur place, immobiles, tendus.

On entend la voix de Langlois, hachée de longs silences :

154

— Oui... oui... Où ? Non... Quoi ?... Non... Non. Attendez les ordres.

Maintenant, Langlois ressort de la cabine, le visage anxieux, tourmenté.

Il s'approche du groupe, regarde Pierre et Dixonne, puis déclare :

— Ça a commencé. Le groupe Nord attaque la Préfecture...

Pierre, vers qui soudain tous les regards convergent, fait un geste d'impuissance et de désespoir. Ses bras retombent, son dos se voûte, et il fait quelques pas vers le fond du garage

Dixonne, ébranlé, demande d'une voix incertaine :

— Pierre... qu'est-ce qu'il faut faire ?

Pierre se retourne vers lui avec une véhémence désespérée :

— Ce qu'il faut faire ? Je n'en sais rien et je m'en fous.

Il fait encore quelques pas, les poings crispés, se retourne à nouveau et lance violemment :

— Vous n'aviez qu'à m'écouter quand il était encore temps. Maintenant, débrouillez-vous, je m'en lave les mains.

Pourtant, il ne s'en va pas. Il revient vers ses camarades, les mains dans ses poches, la tête basse.

Dixonne insiste :

— Pierre, nous avons eu tort. Mais ne nous lâche pas... Il n'y a que toi qui puisses faire quelque chose... Tu sais ce qu'ils ont préparé...

Sans répondre, Pierre fait quelques pas sous les regards suppliants de ses camarades.

Enfin, il relève la tête, et demande avec un sourire amer :

— Quelle heure est-il ?

Dixonne consulte sa montre :

— Dix heures vingt-cinq, répond-il.

Pierre réfléchit intensément.

Il relève enfin la tête et dit dans un grand effort :

— C'est bon, je reste...

Puis aussitôt il ajoute à l'adresse de Dixonne :

— Un moment, je vais téléphoner.

Il se dirige vers la cabine téléphonique vitrée, s'y enferme, tandis que dans l'étroite ouverture d'un vasistas, à quelques mètres de là, apparaît le visage de Lucien Derjeu qui l'observe.

LE SALON DES CHARLIER

Ève se tient debout derrière le canapé, revolver au poing. André et Lucette sont toujours assis et ne se regardent pas. Ève vient de terminer son récit.

— Voilà, Lucette, dit-elle, voilà la vie d'André... Est-ce que j'ai menti, André ?

Avec un mélange de peur et de dignité froissée, André répond, par-dessus son épaule :

— Je ne te répondrai pas. Tu es folle.

— Bien... fait simplement Ève.

Elle se penche et prend dans la poche d'André un trousseau de clefs.

156

— Alors, Lucette, va chercher les lettres qui sont dans son secrétaire.

Elle tend le trousseau à sa sœur, mais celle-ci ne bouge pas.

Ève répète plus fort :

— Va les chercher, Lucette, si tu tiens à la vie d'André.

En même temps, elle braque le revolver sur le crâne d'André.

Lucette, effrayée, s'empare du trousseau de clefs, se lève et se dirige vers la porte.

A ce moment, retentit la sonnerie du téléphone.

Ève et André sursautent.

André va pour se lever, mais Ève le rappelle à l'ordre...

— Ne bouge pas, ordonne Ève. C'est pour moi.

Elle se dirige rapidement vers l'appareil téléphonique. Lucette et André observent Ève qui vient de décrocher.

Le dos appuyé au mur, le revolver braqué sur le couple, la jeune femme répond :

— Allô?...

Et, tout de suite, sa voix s'attendrit :

— C'est toi, Pierre?... Alors?

Elle écoute un instant, le visage tendu et angoissé :

— Ah, non... non, Pierre...

Ève, bouleversée, répète :

— Tu ne peux pas... Ce n'est pas possible. Tu vas te faire tuer, c'est absurde. Rappelle-toi que je t'aime, Pierre... C'est pour nous aimer que nous sommes revenus.

157

LE HANGAR

A travers les vitres de la cabine, on aperçoit Pierre qui téléphone.

Il est bouleversé lui aussi, mais il ne peut reculer...

— Comprends-moi, Ève... supplie-t-il. Il faut que tu me comprennes... je ne peux pas lâcher les copains... Oui, je sais... ils n'ont aucune chance, mais je ne peux pas...

Au-dessus de lui, dans la cabine, une horloge électrique marque 10 heures 29...

LA FAÇADE DU HANGAR

Deux cars bondés de miliciens arrivent à toute vitesse et stoppent devant le hangar.

Un flot de miliciens se répand aussitôt et cerne la bâtisse.

LE SALON DES CHARLIER

Ève est toujours au téléphone :
— Non, Pierre. Ne fais pas ça... Tu m'as
menti... Tu m'abandonnes... Tu ne m'as jamais
aimée...

LE HANGAR

— Mais si, je t'aime, Ève, répond Pierre. Je
t'aime. Mais je n'ai pas le droit de lâcher les
copains.
Il ne voit pas Lucien Derjeu qui, du petit vasis-
tas, vise Pierre soigneusement avec son revolver.
Angoissé, Pierre appelle :
— Ève... Ève.
Lucien Derjeu décharge rageusement son arme.

LE SALON DES CHARLIER

Le téléphone retentit du vacarme amplifié des
coups de feu.
Comme frappée par les balles, Ève glisse le long
du mur, et tombe...

André se lève d'un bloc, pendant que Lucette jette un cri terrible.

LE HANGAR

Plusieurs hommes se précipitent vers la cabine téléphonique dont une vitre a volé en éclats. Lorsque l'un d'eux ouvre la porte, le corps de Pierre s'effondre à ses pieds...

Au même instant, éclate une rafale de mitrailleuse.

Une voix crie :

— La Milice !

Une nouvelle rafale fait voler en éclats la serrure de la porte. Les conspirateurs se dispersent dans tous les sens et se précipitent dans les coins, cherchant des abris.

En même temps, ils sortent les armes dont ils disposent.

Les deux battants de la porte viennent de s'ouvrir d'un coup. Les miliciens tirent dans tous les sens. Les conspirateurs ripostent, mais leur infériorité est écrasante.

Par deux fenêtres, des grenades fumigènes sont jetées et propagent leur fumée étouffante.

Dixonne et Langlois, les yeux pleins de larmes, tirent à l'abri du camion.

Autour d'eux, leurs compagnons toussent ; certains s'arrêtent de tirer pour frotter leurs yeux.

Une balle fait éclater la pendule électrique, dont les aiguilles marquent 10 h 30...

A ce moment, les jambes de Pierre passent par-dessus son propre corps... Il s'arrête un instant dans l'embrasure de la porte, regarde autour de lui et hausse les épaules.

Puis il avance à travers la fumée qui se fait de plus en plus dense.

Dehors, des miliciens cernent la sortie, armes braquées, attendant que les insurgés se rendent. Pierre sort du hangar et passe invisible entre les miliciens.

LE PARC

La laiterie est fermée. Là aussi, la bataille a laissé des traces. Des vitres sont brisées.

Les murs sont endommagés par les balles. Des branches coupées jonchent la piste de danse et les allées du parc.

Des tables et des chaises sont entassées en hâte, d'autres gisent renversées un peu partout.

On entend encore, au loin, la fusillade, par à-coups.

Pierre et Ève sont assis sur un banc. Lui est penché en avant, les coudes appuyés sur les genoux. Elle se tient près de lui — mais il y a un petit espace entre eux.

Autour d'eux, tout est désert.

Seuls, quelques morts se promènent dans le lointain...

Enfin, Ève regarde Pierre et lui dit avec douceur :

— Tout n'est pas perdu, Pierre. Il en viendra d'autres qui reprendront votre œuvre...

— Je sais. D'autres. Pas moi.

— Pauvre Pierre!... murmure-t-elle avec une immense tendresse.

Il relève la tête, interroge :

— Et Lucette?

Et comme Ève, à son tour, hausse les épaules sans répondre, il soupire :

— Pauvre gosse!...

Cependant, pour la première fois, il semble que la jeune femme soit gagnée par l'indifférence de la mort.

— Dans quelques dizaines d'années, dit-elle paisiblement, ce sera une morte comme nous... Un petit moment à passer...

Ils demeurent un instant silencieux.

Tout à coup, une voix prononce :

— Je ne m'attendais pas à vous trouver ici.

Ils lèvent les yeux et voient devant eux le vieillard du XVIIIᵉ siècle, toujours guilleret. Il interroge :

— Ça n'a pas marché?

— Six cents tués et blessés, répond Pierre. Deux mille arrestations.

Il fait un mouvement de tête dans la direction d'où vient la fusillade, en ajoutant :

— ... Et ça continue...

— Et vous deux... Vous n'avez pas...? fait le vieillard.

— Non, réplique Ève, non, nous n'avons pas... Les jeux sont faits, voyez-vous. On ne reprend pas son coup.

162

— Croyez que je prends part... assure le vieillard.

Il a une envie folle de s'en aller.

Et comme, précisément, une jeune morte, assez
jolie, passe près d'eux, il dit pour s'excuser :

— Je vous rappelle que mon club vous est toujours ouvert. Ainsi qu'à Madame...

Et sans plus attendre, il suit les traces de la
jeune morte...

Pierre et Ève ont remercié de la tête, silencieusement. Ils restent un long moment ainsi,
côte à côte, sans parler. Puis Pierre dit tout à
coup, avec une très grande douceur :

— Je vous ai aimée, Ève...

— Non, Pierre. Je ne le crois pas.

— Je vous ai aimée de toute mon âme, assure-
t-il.

— Après tout, c'est possible. Mais qu'est-ce que
ça peut faire à présent ?

Elle se lève.

Pierre l'imite en murmurant :

— Oui. Qu'est-ce que ça peut faire ?...

Ils demeurent un instant debout, l'un devant
l'autre, gênés, et leurs voix sont d'une indifférence
triste et polie.

— Vous viendrez à ce club ? interroge Pierre.

— Peut-être.

— Alors... à bientôt.

Ils se serrent la main et se séparent.

Mais ils n'ont pas fait trois pas qu'un couple de
jeunes gens arrive en courant et se précipite sur
eux.

Pierre reconnaît la jeune noyée qu'il avait vue
faisant la queue, dans l'impasse Laguénésie.

Très émue, c'est elle qui questionne :

— Monsieur, vous êtes mort ?

Pierre acquiesce de la tête.

Alors, elle poursuit :

— Nous venons de nous apercevoir que nous étions faits l'un pour l'autre...

— Et nous ne nous sommes pas rencontrés sur terre, ajoute le jeune homme. On nous a parlé de l'article 140. Est-ce que vous êtes au courant ?

Pierre, après avoir adressé un sourire de connivence à Ève, répond simplement :

— On vous renseignera rue Laguénésie...

La jeune fille a surpris le regard de Pierre. Elle se tourne vers Ève :

— Nous la cherchons partout... Où se trouve-t-elle ?

Avec un sourire, Ève indique la laiterie dévastée :

— Allez danser ensemble. Et si vous ne vous êtes pas trompés, tout d'un coup, elle sera là...

Les jeunes gens la regardent un peu étonnés mais ils ont tellement envie de la croire...

Ils murmurent :

— Merci, Madame...

Puis, se tenant par la main, vaguement inquiets, ils s'éloignent. Pourtant, au bout de quelques pas, ils se retournent pour demander timidement :

— Vous avez l'air drôle... C'est vrai, au moins ? Il ne va rien nous arriver de mal ?

— On peut essayer de recommencer sa vie ? insiste le jeune homme.

Pierre et Ève se regardent, hésitants.

Ils sourient gentiment aux jeunes gens.

— Essayez, conseille Pierre.

— Essayez tout de même, murmure Ève.

Rassurés, les deux jeunes gens se mettent à courir en direction de la laiterie.

Alors, Pierre se tourne vers Ève et, avec une grande tendresse, lui fait un signe d'adieu de la main. Très émue, Ève lui répond par un geste semblable.

Lentement, leurs bras retombent, ils se détournent, et ils s'en vont, chacun de son côté.

Et là-bas, sur la piste désolée, les deux jeunes gens s'enlacent et commencent à danser pour essayer de revivre...

DU MÊME AUTEUR

Aux Éditions Gallimard

Romans

LA NAUSÉE (Folio).

LES CHEMINS DE LA LIBERTÉ, I : L'ÂGE DE RAISON
(Folio).

LES CHEMINS DE LA LIBERTÉ, II : LE SURSIS (Folio).

LES CHEMINS DE LA LIBERTÉ, III : LA MORT DANS
L'ÂME (Folio).

ŒUVRES ROMANESQUES (Bibliothèque de la Pléiade).

Nouvelles

LE MUR *(Le mur — La chambre — Érostrate — Intimité — L'enfance
d'un chef)* (Folio).

Théâtre

THÉÂTRE, I : *Les mouches — Huis clos — Morts sans sépulture —* **La
putain respectueuse.**

LES MAINS SALES (Folio).

LE DIABLE ET LE BON DIEU (Folio).

KEAN, d'après Alexandre Dumas.

NEKRASSOV (Folio).

LES SÉQUESTRES D'ALTONA (Folio).

LES TROYENNES, d'après Euripide.

Littérature

SITUATIONS, I, II, III, IV, V, VI, VII, VIII, IX, X.

BAUDELAIRE (Folio Essais).

CRITIQUES LITTÉRAIRES (Folio Essais).

QU'EST-CE QUE LA LITTÉRATURE? (Folio Essais).

SAINT GENET, COMÉDIEN ET MARTYR (Les Œuvres complètes de Jean Genet, tome I).

LES MOTS (Folio).

LES ÉCRITS DE SARTRE, de Michel Contat et Michel Rybalka.

L'IDIOT DE LA FAMILLE, *Gustave Flaubert de 1821 à 1857*, I, II, et III *(nouvelle édition revue et augmentée)*.

PLAIDOYER POUR LES INTELLECTUELS.

UN THÉÂTRE DE SITUATIONS (Folio).

CARNETS DE LA DRÔLE DE GUERRE (septembre 1939-mars 1940).

LETTRES AU CASTOR et à quelques autres
 I. 1926-1939.
 II. 1940-1963.

MALLARMÉ, *La lucidité et sa face d'ombre*.

ÉCRITS DE JEUNESSE.

LA REINE ALBEMARLE OU LE DERNIER TOURISTE.

Philosophie

L'IMAGINAIRE, *Psychologie phénoménologique de l'imagination* (Folio Essais).

L'ÊTRE ET LE NÉANT, *Essai d'ontologie phénoménologique*.

L'EXISTENTIALISME EST UN HUMANISME (Folio Essais).

CAHIERS POUR UNE MORALE.

CRITIQUE DE LA RAISON DIALECTIQUE (*précédé de* QUESTIONS DE MÉTHODE). I : *Theorie des ensembles pratiques*.

CRITIQUE DE LA RAISON DIALECTIQUE, II : *L'intelligibilité de l'Histoire*.

QUESTIONS DE MÉTHODE (collection « Tel »).

VÉRITÉ ET EXISTENCE.

SITUATIONS PHILOSOPHIQUES (collection « Tel »).

Essais politiques

RÉFLEXIONS SUR LA QUESTION JUIVE.

ENTRETIENS SUR LA POLITIQUE, avec David Rousset et Gérard Rosenthal.

L'AFFAIRE HENRI MARTIN, textes commentés par Jean-Paul Sartre.

ON A RAISON DE SE RÉVOLTER, avec Philippe Gavi et Pierre Victor.

Scénarios

L'ENGRENAGE (Folio).

LE SCÉNARIO FREUD.

SARTRE, *un film réalisé par Alexandre Astruc et Michel Contat*.

Entretiens

Entretiens avec Simone de Beauvoir. *in* LA CÉRÉMONIE DES ADIEUX de Simone de Beauvoir.

Iconographie

SARTRE, IMAGES D'UNE VIE, album préparé par L. Sendyk-Siegel, commentaire de Simone de Beauvoir.

ALBUM SARTRE. Iconographie choisie et commentée par Annie Cohen Solal.

COLLECTION FOLIO

Dernières parutions

Composition Euronumérique.
Impression Société Nouvelle Firmin-Didot
à Mesnil-sur-l'Estrée, le 28 juin 1999.
Dépôt légal : juin 1999.
1ᵉʳ dépôt légal dans la collection : février 1996.
Numéro d'imprimeur : 47590.
ISBN 2-07-039482-4/Imprimé en France.